Les fonctionnaires contre l'État

Agnès Verdier-Molinié

Les fonctionnaires contre l'État

Albin Michel

À mon époux et à mes filles chéries

Introduction

Que serait la France sans ses fonctionnaires ? Elle ne serait pas la France.

Dans l'inconscient collectif, les fonctionnaires sont les ascètes désintéressés, les prêtres de l'intérêt général dont le dévouement au public est chevillé au corps. Ils sont ceux qui protègent, défendent, construisent, maintiennent l'ordre.

Pour les férus d'histoire, les fonctionnaires sont les descendants de Colbert et Vauban. Cette vision quelque peu idyllique est restée généralement exacte jusque dans les années 1960. Mais elle s'est considérablement altérée depuis qu'avec les années 1970 a triomphé l'énarchie.

C'est, paradoxalement, grâce à cette énarchie mais aussi grâce à un statut dont les principes ont été arrachés aux gaullistes par les communistes dans l'immédiat après-guerre que la fonction publique a en partie cessé d'être au service du public pour se mettre, parfois exclusivement, au service d'elle-même. Et ce, grâce au pouvoir que lui confère le fait d'être au centre de l'État, d'être devenue l'État, comme en témoignent les présidences et ministères de la Ve République.

On pouvait penser que ce pouvoir quasi absolu allait se fissurer ou se réduire avec l'arrivée à l'Élysée de Nicolas Sarkozy, ni énarque, ni polytechnicien, ni inspecteur des Finances. Mais il n'a pas fallu longtemps pour que les forces de l'administration se rassemblent, prenant le pas sur les idées et les réformes. Ainsi, dès juillet 2007, le président de la République expliquait à quel point sa situation était délicate : *« Toutes les administrations d'État, tous les spécialistes, tous ceux qui ont perdu l'habitude au fond de se remettre en question pensent qu'il n'est pas possible de faire différemment et je dois développer avec le Premier ministre une force énorme pour dire aux ministres : attention, ne retombez pas dans les habitudes du passé, nous n'avons pas été élus pour gérer au fil de l'eau, nous avons été élus pour réformer la France. »*

Petit à petit, grâce notamment à la crise, l'administration a repris la main. Ceux qui croyaient aux réformes se sont découragés et l'administration a retrouvé toute sa morgue.

D'aucuns ont pu dire qu'avec la crise, cet amortisseur public était notre édredon. Cet édredon est aussi ce qui étouffe la France.

Il serait évidemment absurde de dire que tous les fonctionnaires travaillent à la ruine de notre pays. Nous avons tous en tête l'infirmière dévouée ou l'institutrice attentive qui se donnent tous les jours à la collectivité. Mais, globalement, leur lobby est devenu tellement puissant qu'il se retourne contre notre intérêt collectif, contre notre État.

Ceux qui pratiquent l'absentéisme à outrance n'ont pas conscience de faire perdre de l'argent à leurs concitoyens.

Ceux qui défendent leur statut à vie et leurs taux de cotisation privilégiés n'ont pas conscience de faire financer leurs retraites par les autres et de faire peser le coût du chômage sur les seules épaules des entreprises et des salariés du privé.

Ceux qui monopolisent, avec l'appui du statut, les postes politiques n'ont pas conscience de concurrencer de façon déloyale les salariés du secteur privé.

Ceux qui font des allers-retours entre banques et inspection des Finances non plus. Le système est comme cela. Pourquoi ne pas en profiter ?

Ceux qui défendent les mises à disposition pour les syndicats n'ont pas conscience non plus du coût de plus d'un milliard d'euros que cela représente pour la société.

Pour préserver leurs avantages, les fonctionnaires français étranglent toutes les initiatives qui permettraient à la France d'être compétitive. Ils sont prêts à laisser filer plus de la moitié du PIB vers les administrations, prêts aussi à faire croire aux jeunes générations qu'elles pourront bénéficier, comme eux, de l'État providence.

Au plus haut niveau, des économistes brillants, payés sur fonds publics, font croire à nos dirigeants que la dette peut continuer à financer une fonction publique pléthorique. Plus encore, certains esprits affûtés assurent que ce sont les services publics à la française qui aideront notre pays à surmonter la crise. Que notre dette ne compte pas, car nos actifs (le château de Versailles et le Mont-Saint-Michel par exemple !) ne sont pas évalués. « *En observant la balance globale, la France dispose même d'un actif supérieur à son passif* », nous expliquent-ils. Qui peut encore accorder un quelconque crédit à des arguments consistant à valoriser des actifs incessibles ?

En fait, la France se singularise de plus en plus par ses sureffectifs publics non résorbés, son immobilisme et son absence de compétitivité, quand l'Allemagne ou le Royaume-Uni mènent des politiques très ambitieuses de coupes dans leurs dépenses structurelles et de dynamisation de leurs entreprises. Aux antipodes, notre pays se recroqueville sur son secteur public. Le lobby le plus puissant de France pousse notre pays vers un point de non-retour. Il est heureux que les agences de notation n'aient pas encore dégradé la note de notre dette. Les plus lucides pensent que cette sanction est possible. Mais, d'ici là, l'orchestre continue à jouer sa petite musique des dépenses, et la France est le seul pays du monde occidental à avoir, en juillet 2010, au cœur de la crise, augmenté les salaires des fonctionnaires pour un peu plus d'un milliard d'euros.

Depuis vingt ans, le grand lobby public, doté de ses sept millions de travailleurs, fonctionnaires et assimilés, a réussi à saboter les réformes, accumuler de nouveaux acquis sociaux et noyauter les postes stratégiques, de l'Assemblée aux cabinets ministériels, grâce essentiellement à un puissant talisman : le statut à vie de la fonction publique. Jusqu'à quand ?

1.

Le sabotage de l'intérêt général

L'administration française est un essaim. Un organisme bourdonnant, tentaculaire et solidaire, une agrégation de centaines de milliers de fonctionnaires, qui font bloc à la moindre contrariété. Au-delà de leur remarquable solidarité, les agents du service public ont d'autres qualités : leur force d'inertie, leur réactivité et leur inventivité, que la majorité d'entre eux ont choisi de mettre au service d'une grande cause : leur intérêt, qu'il s'agit de préserver à tout prix. Leurs armes ? Le refus d'obtempérer, les grèves, les coups de force, les actions de blocage. Bref, une forme discrète de sabotage. Car s'il faut en passer par là, dégradant au passage le concept de service public voire l'économie nationale pour protéger statut et acquis sociaux, ils n'hésiteront pas. Ils ? Les membres pléthoriques et disparates du plus grand lobby de France, et surtout du plus puissant. Le lobby des fonctionnaires.

Sous couvert de défense du sacro-saint service public, voire de l'intérêt général, à coups de « grèves solidaires » ou de « grèves par procuration », ils usent les ministres et les gouvernements avec une obstination remarquable, en imposant bruyamment leur présence dans les médias. Alors, peu importe que leurs grèves incessantes et souvent injustifiées fassent perdre à leur « entreprise » plusieurs millions d'euros par jour. Les contribuables paieront la facture.

Au-dessus des lois ?

Bien au-delà de l'exercice légal du droit de grève, ces actions peuvent prendre différentes formes. En premier lieu, on trouve les actes de malveillance, qui nécessitent peu de moyens pour un résultat spectaculaire. Les coupures sauvages de gaz ou d'électricité, par exemple, cachent souvent une grève ratée, que les syndicats d'EDF vont transformer en une opération de résistance réussie.

« *Le gaz, c'est juste un robinet qu'on ferme, et l'électricité, des manettes qu'on abaisse* », explique un syndicaliste[1]. Les coupures de courant font partie des grands classiques. Les premières ont lieu à Paris, dès 1905, qui ont permis aux électriciens d'accéder au statut privilégié de personnels municipaux, avec à la clé des augmentations de salaire et des congés payés. C'est facile… et ça marche ! Tant et si bien qu'en 1909, paraissent un ouvrage d'Émile Pataud et Émile Pouget, *Comment nous ferons la révolution*, qui détaille la plus moderne des armes de la lutte sociale : le sabotage par les coupures de courant.

1. À l'AFP, dans une dépêche du 17 avril 2009.

L'un des chapitres est particulièrement évocateur : « *Que les ténèbres soient !* » explique comment mettre le feu aux appareils pour qu'ils soient hors d'usage, empêchant ainsi l'armée de relancer la production électrique. Une fiction qui est longtemps restée une source d'inspiration pour les syndicalistes de la CGT. En mars 1950, la France entière est plongée dans le noir et en août 1953, à l'occasion – déjà – d'une réforme des retraites, Paris est privé d'électricité, quartier par quartier. En décembre 1995, alors que le gouvernement veut mettre fin aux régimes spéciaux des retraites, les syndicats invitent leurs adhérents à la révolte. Les actions s'enchaînent, d'abord timidement, avec des coupures de courant dans les hôtels de luxe de la capitale, puis le mouvement se durcit : en plein hiver, moins de 20 % des agents EDF-GDF sont au travail, et une dizaine de centrales nucléaires subissent d'importantes baisses de production[1].

En 2004, c'est la gare Saint-Lazare qui se retrouve privée d'énergie, pénalisant ainsi les centaines de milliers de voyageurs qui doivent y passer chaque jour. La cause de cette coupure ? Le changement de statut d'EDF et GDF. A priori, cette revendication n'a aucun rapport avec les voyageurs parisiens pris en otages. Qu'importe !

En 2009, certains grévistes d'EDF vont encore plus loin, en bloquant sept centrales nucléaires. Ils s'insurgent contre la concurrence de la main-d'œuvre contractuelle, ces « nomades du nucléaire »

1. Alain Bertho, « La grève dans tous ses états », *Multitudes*, janvier 1996.

qui viennent grignoter des emplois, et qui sont moins bien payés et surtout moins syndiqués, remettant ainsi en cause leurs privilèges. Ils exigent des augmentations de salaire significatives et n'hésiteront pas à couper le courant aux usines proches, aux représentations politiques et patronales, et même au domicile particulier d'hommes politiques, comme celui du sénateur Raymond Couderc, en octobre 2010, pendant la réforme des retraites, alors que sa femme est gravement malade. Piteusement, Laurent Derdevet, le secrétaire général CGT-Énergie, tentera de se justifier dans un entretien avec le journal *Midi libre* : « *Normalement, on cible les permanences politiques et pas les personnes*[1]. » Comme si choisir ses cibles était une excuse !

Cette année-là, il y aura des dizaines de milliers de clients privés de gaz et d'électricité à cause du sabotage d'installations techniques. Les bureaux de l'Union des employeurs seront saccagés et soixante-quatorze salariés seront finalement arrêtés par la police. Leurs revendications ? Une prime de 1 500 euros et une augmentation de salaire de 5 %. En pleine récession, pourquoi se contenter de peu ?

Au-delà du désagrément, ces actions illégales « *mettent en cause la sécurité des clients et des agents et sont contraires à l'esprit de service public qui anime la majorité des salariés* », explique Bernard Lassus, le directeur des ressources humaines d'ERDF, la filiale de distribution d'EDF. Cette notion de « ser-

1. « La maison de Raymond Couderc privée de gaz et d'électricité », Emmanuelle Boillot et Arnaud Boucomont, *Midi libre*, 13 octobre 2010.

vice public » retient à peine certains, tant est grande la tentation de se servir de leur outil comme d'une arme pour appuyer leurs demandes d'augmentations de salaires ou de nouvelles embauches ! Cette phrase d'un syndicaliste CGT de Douai, en 2009, dans *La Voix du Nord*, sonne comme une menace : « *Les hommes sont excédés. Là, ils sont prêts à couper l'alimentation en gaz et électricité de l'usine McCain. La vanne est là, juste devant nous. Pour l'instant, nous la regardons mais si rien ne bouge, les actions vont s'amplifier !* »

Car les sabotages peuvent facilement se multiplier, comme le reconnaît Frédéric Imbrecht, secrétaire général de la Fédération CGT-Mines-Énergie à propos des grèves de 2004 : « *Il faut essayer de comprendre : les agents des postes électriques ont une arme terrible. Pour ne pas l'utiliser, il faut un niveau de conscience important. [...] Pour mettre la France dans le noir, il suffit de trois personnes. Si cela ne s'est pas produit, c'est grâce au niveau collectif de conscience très fort, notamment chez les jeunes*, souligne-t-il. *Les coupures généralisées, c'est devenu un mythe, cela ne devrait plus faire partie de notre culture syndicale.* » On ne saurait mieux dire, mais voilà : à la moindre « grippe » syndicale, la tentation est trop forte et les grévistes cèdent. La faute au fameux « niveau de conscience » ?

Dérives

Quelle riposte est-il possible d'opposer à ces inconscients ? A priori, ces actions entrent dans un cadre de parfaite illégalité. D'ailleurs, si l'on écoute la direction d'EDF, des plaintes sont systématiquement déposées et des procédures disciplinaires engagées à l'encontre des auteurs de ces actes. La réalité est moins claire, et il semblerait que le dépôt de plaintes tienne plutôt de la menace. Conséquences : les fauteurs de troubles se sentent largement impunis et libres de continuer... en assurant leurs arrières. Désormais, ils agissent « les visages enfouis sous des cagoules, des foulards, des masques blancs, de lunettes et casquettes ». Avant de se justifier : « *On est obligé de se dissimuler car la direction nous a mis en garde pour le vol des véhicules et nous identifie en photos pour passer en conseil disciplinaire*[1]. » Mis en garde ? Il s'agit pourtant de vols qualifiés et de dégradations des outils de travail. On est loin du dialogue social ou de la grève, et soudain plus près de la guérilla.

Quand l'impunité devient une routine, toute tentative de sanction passe pour une mesure de rétorsion. En 2009, trois jeunes agents grévistes reçoivent leurs lettres de licenciement, ce qui déclenche la colère du Parti communiste et de la CGT, qui assure n'avoir jamais vu cela « *depuis l'époque de la guerre froide* ». Ces trois renvois sont pourtant la conséquence du blocage organisé de milliers de particuliers et d'entreprises. Peu importe ! Fin 2009, Marie-George Buffet, secrétaire nationale du PCF, va jusqu'à écrire au gouvernement pour se plaindre : « *Je condamne fermement*

1. *La Dépêche du Midi*, 17 avril 2009.

ce vent de répression qui s'abat sur celles et ceux qui font l'honneur de notre pays et qui sont engagés dans une lutte qui dépasse très largement les questions corporatistes de cette profession. »

Par la grâce et le pouvoir des lobbies, les saboteurs se transforment parfois en héros. Pire : ces licenciements ne sont pas allés jusqu'au bout, puisque le directeur régional clients-fournisseurs d'ERDF, Charles Chambard, indiquait à l'AFP, en 2009 : « *Chez EDF, il existe des recours internes possibles, même après une lettre de licenciement.* » Quant à la direction nationale, elle reste floue : « *Des procédures disciplinaires ont effectivement été engagées au niveau local, mais il est trop tôt pour avancer des chiffres* », confie Bernard Lassus.

Au final, c'est le règne de l'illégalité. Car il s'agit bien de saboter l'économie, et non de cesser le travail. De même, les blocages de routes, ponts, trains par des manifestants hors de leur lieu de travail et autres interdictions d'accès n'ont rien à voir avec la grève. Pourtant, tous ces actes hors la loi n'existent pas aux yeux des autorités.

À la SNCF, on goûte d'autres formes d'« action », comme disent les syndicats. On y pratique la maltraitance des « usagers », qu'on s'obstine d'ailleurs à ne pas appeler « clients » pour éviter de devoir leur rendre des comptes. En tête de ces armes, l'absentéisme. Ainsi, le 31 décembre 2008, c'est un « service partiellement allégé » qui est mis en place sur la ligne H de la banlieue nord parisienne « compte tenu du nombre élevé d'agents s'étant déclarés souffrants ». Maladie… Ou grève sauvage ? Plus de la moitié des salariés de la SNCF qui devaient travailler se seraient mis en grève pour pouvoir rester chez eux pendant les fêtes. Pas de motif, pas de punition : les agents de la SNCF ont juste utilisé un de leurs nombreux privilèges, qui leur permet de se déclarer malades pendant trois jours sans délai de carence, sans perte de revenus ni obligation de produire un quelconque certificat médical, et surtout sans aucun contrôle de l'assurance maladie.

À partir de là, tous les prétextes sont bons pour faire grève : deux fois par an, le passage aux horaires d'été et d'hiver devient insupportable pour l'organisme de certains cheminots, qui se mettent en grève, au motif que « les horaires d'avant, c'était quand même mieux ».

Pire, c'est parfois l'outil de travail qui est lui-même saboté, désorganisant ainsi toute une partie du réseau. À l'automne 2008, les perturbations ont été sévères dans les transports régionaux (TER), notamment en Île-de-France, en Languedoc-Roussillon et en région PACA : vingt mille voyageurs laissés sur les quais sur la seule ligne du TGV Nord, cent soixante trains gravement retardés... Les dégâts sont considérables. La cause de ce chaos ? Des fers à béton habilement fixés pour détériorer les caténaires. Un travail[1], selon Jean-Louis Rohou, secrétaire général de Réseau ferré de France (RFF), car « *il s'agit de lignes haute tension à 25 000 volts. On s'expose à un grave danger dès qu'on s'en approche de quelques dizaines de centimètres. En plus, elles ne sont pas faciles d'accès, car toutes les lignes à grande vitesse sont clôturées* ». De plus, il ne s'agit pas d'un acte isolé :

1. Qui demande « quelques connaissances ».

« *Dans la même matinée, quatre actes de malveillance de même type sur les lignes à grande vitesse du réseau Nord, Est et Ouest, ça pose des questions*[1]. » Les syndicats se sont démarqués de ces dégradations de matériel et ont assuré que des agents de la SNCF ne pouvaient être à l'origine de pareilles malveillances.

Nuisibles à la compétitivité du service ferroviaire français, ces comportements entachent aussi malheureusement la réputation de cette entreprise publique. Face aux blocages des syndicats, les dirigeants de Fret SNCF expriment leur découragement et leur décision de détourner le fret ferroviaire vers ses filiales privées dans lesquelles l'État n'est pas majoritaire. Jean-Pierre Ferrandou, directeur national des TER, déclare à ce moment-là qu'il veut des cheminots qui aiment leur métier et que les mécontents devraient en changer. Une audace noyée dans la réprobation, finalement passée inaperçue.

La même stratégie est appliquée au Port autonome de Marseille, un établissement public où la CGT trône sans rivale depuis 1948 – au point que beaucoup de bateaux étrangers l'évitent désormais, pour accoster dans les ports de Savone, de Gênes ou d'Anvers. Quant aux autorités françaises, elles ferment les yeux, pour acheter la « paix sociale ».

Lors du conflit de l'automne 2005 au Port, des salariés sont surpris en train de « se servir ». Cette fois, le directeur veut réagir. Quand il va tenter de les faire licencier, c'est lui qui sera limogé ! Le

---

1. Interview sur France Info, 9 novembre 2008, par Cécilia Arbona.

ministère des Transports ne veut pas faire de vagues en pleines négociations. Comment s'étonner des performances plus que médiocres de Marseille ? Le coût de la manutention y est un tiers plus élevé que celui de ses concurrents européens. Dans le classement international des ports 2008 de l'incontournable AAPA (American Association of Port Authorities), Marseille végète à la cent douzième place, quand Le Havre stagne gentiment en quarante-quatrième position). Quarante ans de conflits à répétition ont écarté Marseille de la compétition mondiale. Et la dégringolade continue.

Quant au mouvement social de 2010 – trois mois de grève –, son coût est estimé à 50 millions d'euros. Les trois mille entreprises clouées au sol, employant quarante et un mille salariés pris en otages par... trente-six grutiers marseillais, quasiment tous affiliés à la CGT ! Le motif invoqué ? Le refus de perdre le statut public avec emploi à vie et horaires aménagés[1]. Ces blocages incitent les investisseurs à déserter le sud de la France.

Nuisances à bas bruit

On peut estimer que le refus d'obéir des enseignants pénalise aussi sûrement les élèves que les trente-six grutiers les entreprises de Marseille. En

1. Ces grutiers n'ont pas le statut de fonctionnaire mais bénéficient, dans les faits, d'un statut quasi équivalent.

mai 2009, le Snuipp-Fsu[1] appelle les maîtres à « *ne rendre compte que des seuls résultats des évaluations aux élèves et aux parents de la classe concernée* » des tests d'évaluation en français et mathématiques des élèves de CM2 actuellement en cours et à « *ne pas utiliser le logiciel ministériel de transmission et ne transmettre que les résultats anonymes des exercices effectivement passés* ». La crainte qui motive ce refus serait que ces données puissent servir à une évaluation potentielle des enseignants ou des établissements.

Bref, pas question de donner la moindre information qui permette aux parents d'élèves d'être informés sur le niveau réel des écoles. Il leur faut attendre la fin du collège, avec les résultats du brevet, et la fin du lycée, avec les résultats du bac, pour se faire une idée de la valeur des différents établissements. En vérité, beaucoup d'instituteurs sont prêts à faire l'impasse sur 400 euros de prime plutôt que de risquer d'être évalués – même s'ils restent, de toute façon, indéboulonnables.

En allant plus loin, la grève d'un enseignant peut être encore plus pernicieuse qu'une simple absence. En novembre 2008, dans une lettre ouverte à son inspecteur de l'Éducation nationale, un enseignant écrit : « *Je considère que ces [nouveaux] programmes sont totalement illégitimes. C'est pourquoi j'ai décidé de ne pas les appliquer et de continuer à travailler dans l'esprit des programmes de 2002.* » Plus loin, il fait part de son intention de ne pas se déclarer gréviste à son administration, afin d'empêcher

1. Snuipp-Fsu : Syndicat national unitaire des instituteurs et professeurs des écoles et pegc-Fédération syndicale unitaire.

la mise en place d'un service minimum… On ne saurait être plus clair ni plus déterminé dans l'abus du pouvoir de nuire.

Du service minimum à effet maximum

Mais c'est surtout par la grève, toutes les formes de grève, que nos agents détruisent ce qui reste du service public. Logique, puisque ça marche.

Dans l'enseignement supérieur, les enseignants-chercheurs sont tombés sur un vrai filon. En 2009, la réforme des universités – qui remet en cause leur statut éminemment favorable – déchaîne leur colère. Les universités sont bloquées pendant plusieurs semaines. Qu'on en juge : ils ont une charge d'enseignement de 128 heures de cours, équivalant à 192 heures de travaux dirigés ou 288 heures de travaux pratiques… par an. C'est là leur seule obligation, ils sont ensuite libres de consacrer le reste de leur temps à la recherche et aux tâches dites administratives. Pour éviter de perdre une parcelle de leur statut et d'être évalués « de façon arbitraire » par des présidents d'université, les enseignants-chercheurs ont manifesté pendant des mois et ont fait ce qu'ils appellent la « ronde infinie des obstinés », tournant en rond jour et nuit sur le parvis de l'Hôtel de Ville de Paris. Résultat : ils ont eu gain de cause. Cerise sur le gâteau : leur carrière a été raccourcie et leurs rémunérations ont augmenté. De 240 à 510 euros en plus pour le salaire mensuel des jeunes maîtres de conférences. Du beau boulot.

D'autres formes de grève produisent également des effets inespérés. Le détournement du concept de service minimum en est une parfaite illustration. Dans les transports, ce service minimum a été institué en 2007 par la loi pour assurer une certaine continuité du service public. Immédiatement, les syndicats ont trouvé la faille. Le premier détournement du texte est l'œuvre des syndicats de la SNCF. C'est la grève de cinquante-neuf minutes. Un concept imparable, parce qu'un arrêt de travail inférieur à une heure ne fait perdre au gréviste que un cent soixantième de sa rémunération, alors qu'au-delà, il doit renoncer à un soixantième de son salaire mensuel. Cinquante-neuf minutes pour désorganiser le passage des trains, le ballet des correspondances et tous les plans de transport de la journée. Plus de temps qu'il n'en faut à ces grands professionnels !

La loi sur le service minimum devait remédier à cette situation, en exigeant des grévistes qu'ils se déclarent par une DII (déclaration individuelle d'intention) de faire grève, assortie d'un préavis de quarante-huit heures. Mais la question n'est toujours pas réglée. Le Conseil constitutionnel a confirmé, en 2007, que le droit de grève est exercé individuellement par chaque salarié et qu'il était donc possible à chacun, sous réserve de respecter le préavis de quarante-huit heures exigé par la loi, de « *rejoindre un mouvement de grève déjà engagé et auquel il n'avait pas initialement l'intention de participer, ou auquel il aurait cessé de participer* ». Autrement dit, le salarié peut aller et venir dans les limites de la grève, telle qu'elle a été définie dans le cadre du préavis syndical, en désorganisant complètement les prévisions de l'employeur, par des grèves de cinquante-neuf minutes à peine sanctionnées par des retenues minimes de salaire. Quant à la Cour de cassation, elle a jugé que rien n'empêchait plusieurs organisations d'agir indépendamment les unes des autres, en donnant des préavis à des dates distinctes. Ces décisions reviennent à légaliser les grèves tournantes.

Nouvelle arme fatale ?

Enfin, parmi les grèves les plus insidieuses, on peut évoquer le droit de retrait. En janvier 2009, la SNCF assiste, impuissante, à une épidémie de droits de retraits exercés par des cheminots. Le premier épisode ne fut pas le moindre, puisqu'il obligea la direction à fermer pendant une journée entière la gare Saint-Lazare. Les jours suivants, des arrêts de travail eurent des conséquences similaires à Melun, Besançon et Marseille.

Ce droit, qui n'a juridiquement aucun rapport avec le droit de grève, a été récemment réglementé par l'article 4131 du code du travail. Il permet au salarié de se « retirer d'une situation » (traduisez : cesser le travail) quand elle présente un « *danger grave et imminent pour sa vie ou sa santé* ». Introduite dans la loi pour faire face à des situations comme celle des camionneurs qui refusent de prendre le volant d'un véhicule dangereux, cette disposition est de plus en plus souvent invoquée dans le service public, prétexte idéal à un arrêt de travail dans les transports, dès lors que survient une agression ou un incident du même ordre.

L'employeur ne peut demander au travailleur de reprendre son activité aussi longtemps que la situation incriminée perdure, sans que ce dernier risque la moindre sanction ni retenue de salaire. Les syndicats ont vite compris les avantages à tirer de ce nouveau mode de grève où le gréviste se retrouve payé. Sachant qu'à la SNCF, on recense chaque année plus d'un millier d'incidents sur les différentes lignes, les syndicats n'ont qu'à se baisser pour ramasser des prétextes à la pelle.

Le droit de retrait est la Rolls des syndicats. Ainsi détourné de sa vocation, son exercice devient l'équivalent d'une grève, avec des avantages considérables pour les salariés : pas de préavis, aucune obligation de service minimum, aucune retenue sur salaire. Imparable et meurtrier. Surtout si l'on considère que, depuis des années, les autorités ont laissé faire sans réagir. Une façon de reconnaître l'impuissance de l'État devant le droit de paralysie que se sont, de fait, octroyé les syndicats ?

Le problème, c'est que, dans un contexte social aussi tendu que celui que nous vivons, cette arme peut devenir fatale. Au secteur des transports publics, bien sûr, mais aussi au pays tout entier, bloqué en un temps record pour une durée indéfinie. De quoi attirer l'attention des observateurs internationaux sur notre incapacité à gérer les conflits internes. Et à mettre la France en péril au moment où l'ampleur de sa dette est évoquée tous les jours sur les marchés.

2.

Au service de tout… sauf du public !

« *Le service public doit se mesurer auprès des usagers.* » Si Nicolas Sarkozy martèle cette formule, c'est qu'elle n'a rien d'une évidence. Bien au contraire. Depuis son arrivée à l'Élysée, le président a dû revoir à la baisse ses ambitions dans ce domaine aussi. Sans même parler de réformes, il s'agissait simplement de mettre l'accent sur les notions d'intérêt général et de service aux usagers. Facile ? Pas si sûr.

La définition du service public peut sembler assez simple, même si son histoire l'est un peu moins. Traditionnellement, on explique qu'il doit profiter à tous, dans l'intérêt général. C'est assez clair. Pourtant, il n'est dit nulle part, ni dans la Constitution ni dans la loi, qu'il est nécessairement accompli par une entreprise disposant d'un monopole et d'un personnel qui ne relève pas du salariat privé.

Car en France, malgré les discours, le service public n'est pas un mode de gestion : c'est avant tout une philosophie politique, par laquelle l'État affirme qu'il assure la disponibilité sur tout le territoire d'un ensemble de biens essentiels, en particulier pour ceux qui risqueraient d'en être exclus pour des raisons économiques. Quant à ce qui touche aux activités de marché, l'État délègue sa mission à des entreprises dites publiques. Leur particularité ? Elles bénéficient d'un monopole et leur personnel profite d'un statut particulier. La concurrence y est hors la loi par principe et de façon générale.

Petit à petit, le service public, encadré par une entreprise publique et assuré par des agents publics inamovibles, est devenu une tradition française intouchable, un triptyque farouchement défendu par les fonctionnaires[1] et, plus encore, les syndicats ! Beaucoup de Français eux-mêmes ont fini par se convaincre qu'il s'agissait là d'un atout pour le pays.

---

1. D'après le site officiel www.fonction-publique.gouv.fr, « *la fonction publique française comprend l'ensemble des agents occupant les emplois permanents de l'État, des collectivités territoriales (commune, département ou région) ou des hôpitaux. Certains sont titulaires, d'autres sont [...] contractuels. Ils travaillent pour l'administration centrale, ou pour ses services déconcentrés (à l'échelon régional ou départemental), ou encore au sein d'établissements ayant une mission de service public (organismes de Sécurité sociale, établissements d'enseignements de recherche...). Il existe en France trois grandes fonctions publiques : la fonction publique d'État, la fonction publique territoriale et la fonction publique hospitalière* ». La fonction publique d'État est elle-même divisée en corps correspondant à des statuts auxquels correspondent des attributions et des grilles de paie bien précises. Ces corps sont eux-mêmes divisés en grades ou classes. Enfin, d'autres catégories d'employés ont bénéficié de statuts particuliers et très protecteurs, calqués sur celui des fonctionnaires. C'est le cas des cheminots, ou encore des électriciens-gaziers.

Selon l'alinéa 9 du préambule de la Constitution d'octobre 1946 : « *Tout bien, toute entreprise, dont l'exploitation a ou acquiert les caractères d'un service public national ou d'un monopole de fait, doit devenir la propriété de la collectivité.* »

Un demi-siècle plus tard, la Commission européenne force peu à peu les États de l'Union à démanteler la plupart de leurs monopoles, qu'il s'agisse, par exemple, de transport ou d'électricité. C'est donc de Bruxelles que viendra la fin du monopole à la française, et en conséquence la fin programmée de la propriété de l'État sur les services publics.

L'évolution de La Poste illustre cette discrète métamorphose. Depuis son changement de statut, par la loi du 12 janvier 2010, elle est désormais une société anonyme à capitaux publics, qui n'a plus le monopole du courrier ni des communications. Or deux tiers de ses employés étaient des fonctionnaires. Ces derniers se sont donc inquiétés pour leurs (chers) acquis : ils furent évidemment aux premières loges pour s'opposer à cette réforme, pourtant acceptée de fait par la gauche. « *La Poste n'est pas une entreprise comme les autres, elle a un rôle de lien social* », argumente Maryse Dumas (CGT). Tout est là : le service public serait le ciment de la cohésion sociale à la française. Il est surtout le ciment d'avantages innombrables qui finissent par coûter très cher à la collectivité.

En jetant un œil chez nos voisins européens, on s'aperçoit que les postes allemande et néerlandaise ont déjà changé de statut. Pour autant, rien n'indique qu'une grave crise sociale ait eu lieu dans ces pays ! Au contraire, la poste néerlandaise est passée d'un déficit chronique à des bénéfices remarquables, consacrés par une introduction en Bourse en 1995, sans qu'aucune grève postale n'ait eu lieu depuis 1985. La raison d'une si belle réussite ? Le Sénat français s'est ridiculisé en avançant l'explication suivante : si ça a marché aux Pays-Bas, c'est à cause de *« la tradition commerçante des Provinces-Unies et grâce au génie marchand propre à ses habitants »*. Avant de sous-entendre finement qu'il semblait impossible de rêver pareille situation en France : si les fonctionnaires français avaient un « génie marchand »... cela se saurait.

Certes, la Commission veille à l'ouverture des marchés, mais elle n'exclut pas que tout État membre puisse librement déterminer les obligations de service public qu'il veut édicter dans chaque domaine. Et bien sûr, l'Europe tient compte de ces obligations, sans chercher à en donner une définition abstraite et générale.

À l'intérieur d'une même entité, certaines activités peuvent être considérées comme administratives, non sujettes aux règles de la concurrence, à l'inverse d'autres, purement économiques et donc soumises à ces règles. Pour réformer le service public et n'accorder un statut particulier qu'à ceux qui en ont vraiment besoin, il faudrait faire une analyse pragmatique de chaque activité, qui s'opposerait au dogmatisme français.

Les fonctionnaires, au lieu d'y voir une chance, ont malheureusement trop souvent refusé ces réformes par principe. Ils ont ainsi souvent adopté une position de défiance face aux audits extérieurs, qui représentent un premier pas vers le changement. Pourtant, avant même de faire évoluer le statut des agents, il semble essentiel de s'intéresser aux usagers, d'évaluer leurs besoins et les réponses qu'on peut leur apporter. N'est-ce pas le fondement même de la notion de service public ? L'administration et les entreprises publiques ne sont-elles pas là pour mettre en place des services à l'intention du public ? Même la Cour des comptes semble s'y perdre un peu. « *L'administration travaille pour ses usagers. Mais, le plus souvent, son rôle est plus complexe que celui d'un simple prestataire de services.* » Vraiment ? « *Elle opère aussi dans l'intérêt de la société tout entière avec les ressources de l'argent public.* » Certes. « *Dès lors, elle est amenée à refuser de satisfaire une partie des demandes qui lui sont adressées, voire à exercer la contrainte et la répression*[1]. » Le mot est lancé. Cette allusion à « la contrainte et à la répression » est l'exacte traduction de la défiance du service public vis-à-vis de ses administrés. Voire le cœur même de leurs relations. Action, pression, répression… Le paradoxe, c'est que le service public se méfie de ceux auxquels il est censé s'adresser. Mais cette défiance reste à éclipses, puisque c'est au nom de cet intérêt général que les fonctionnaires semblent toujours prêts à se battre. En effet, les grèves sont toujours déclenchées au nom d'un intérêt supérieur assez mystérieux. Ainsi, en février 2010, quand la CGT appelle à une mobilisation interprofessionnelle unitaire, c'est au motif, entre autres, que

1. Cour des comptes, « Rapport sur la satisfaction des usagers », juillet 2009. http://www.ccomptes.fr/fr/CECRSP/documents/divers/Rapport-satisfaction-usagers-020709.pdf

« la Reate (réorganisation territoriale de l'État) ne se fera qu'au détriment de l'intérêt général ».

La notion d'intérêt général figure déjà en bonne place dans la Déclaration des droits de l'homme et du citoyen de 1789. Son article 12 dispose très clairement que la force publique (en tant que service public) est instituée *« pour l'avantage de tous et non pour l'utilité particulière de ceux auxquels elle est confiée »*. La tendance naturelle des services publics à privilégier leurs intérêts et leur bien-être à celui des administrés n'est donc pas nouvelle. De nombreuses enquêtes d'opinion constatent une baisse de la qualité du service public, qui se détourne d'une façon invisible de ses usagers. Au service d'elle-même, notre administration en oublie le citoyen et néglige le spectre de la concurrence internationale. Le service public devient alors un simple prétexte pour défendre des acquis. Pourtant, l'opinion continue, les récentes grèves l'ont montré, à penser que les intérêts des fonctionnaires ne sont pas contradictoires avec ceux du reste des Français.

Depuis les années 1970, on a beaucoup plus investi dans les dépenses liées au personnel que dans les infrastructures et les services eux-mêmes. Par exemple, nombre de désordres dans les lignes franciliennes ne viennent pas d'un manque de personnel, loin s'en faut, mais d'un défaut d'équipement et d'entretien des voitures, qui finiront par ressembler à des wagons à bestiaux. Où vont les investissements massifs consentis par l'État ? Dans des statuts à vie, assortis de règlements foisonnants et compliqués, dans la préservation des avantages acquis ou des primes de « rendement » diverses et variées. La cerise sur le gâteau ? La plupart du temps, les personnels qui assurent les services publics ne sont d'ailleurs pas des fonctionnaires à proprement parler. Pourtant, ils sont assimilés à des agents publics et bénéficient des statuts similaires qui leur garantissent les mêmes avantages. Au prix fort pour le contribuable.

Frustrations

Dire que les services publics ne comblent pas les attentes des usagers est un doux euphémisme. En tête de leurs récriminations ? Les retards répétés des moyens de transport, les horaires fantaisistes de nombreux guichets, les documents souvent égarés, les grèves à répétition, l'opacité du fonctionnement et la jungle des démarches administratives… Alors que la France est l'un des pays d'Europe qui emploie le plus d'agents publics, les instituts de sondage sont unanimes pour évoquer l'insatisfaction chronique des citoyens dès qu'ils jugent leurs administrations.

Cette critique est aussi faite par le Médiateur de la République qui, avec un certain sens de la litote, relève dans ses deux rapports annuels de 2008 et 2009 une flagrante incohérence entre les impressions des usagers et l'attitude en général très satisfaite de l'administration. Il constate ainsi « *la distorsion de plus en plus marquée entre la réalité vécue par les administrés et le reflet qu'en donnent les multiples indicateurs dont disposent les services de l'État* ». En clair, quand le service public s'autocongratule, les usagers trinquent !

Il faut dire que la mesure de l'efficacité du service public ressemble à un dédale kafkaïen : tous les sondeurs indépendants ou quelques organismes comme, par exemple, l'Institut Paul Delouvrier, créé par des chefs d'entreprise et quelques hauts fonctionnaires et qui propose un baromètre mesurant la satisfaction des usagers du service public. Ce baromètre comparatif, puisqu'il prend en compte l'échelon européen et national, procède à une évaluation semestrielle de différents facteurs parmi lesquels l'opinion des Français sur l'impôt ou l'efficacité des administrations publiques.

Côté usagers, c'est la dégringolade. Les Français sont convaincus que, mis à part quelques secteurs comme la sécurité, le service public se dégrade. Selon l'Institut Paul Delouvrier, 53 % des usagers[1] ont le sentiment que les services de l'État ont plutôt mal évolué au cours des dernières années. Parmi les prestations les plus critiquées, on trouve la qualité de la réponse de l'administration, l'identification du bon interlocuteur, la transparence, les délais de traitement et le temps d'attente à l'accueil. Cela fait beaucoup.

Au final, les bonnes opinions sur les services publics français stagnent, sondage après sondage. Selon le même institut, son baromètre de 2009 (réalisé par BVA) montre en effet que, pour tous les services publics étudiés, les bonnes opinions

1. Selon l'Institut Paul Delouvrier, 2009.

des Français sont en baisse : – 8 % pour la police et la gendarmerie, – 2 % pour l'Éducation nationale, qui passe de 47 à 45 %. De son côté, la collecte des impôts reste stable dans la médiocrité avec seulement 32 % de bonnes opinions, juste derrière les agences de retour à l'emploi qui culminent à 33 % de bonnes opinions de la part des usagers.

En mai 2010, BVA et l'Institut Paul Delouvrier ont également publié leur baromètre sur *« l'image des services publics en Europe »*. Il apparaît qu'en dépit des 55 % du PIB consacrés tous les ans à nos dépenses publiques, 36 % seulement des Français sont satisfaits de l'action de leurs services publics. Des ratios décevants, surtout si l'on compare ces résultats à ceux des Britanniques, qui, consacrant seulement 45,5 % de leur PIB aux dépenses publiques, récoltent quand même 48 % de citoyens satisfaits.

Bien sûr, les syndicats de fonctionnaires ont avancé toutes sortes d'explications à ce mécontentement. Quand ceux-ci se plaignent d'une absence d'écoute avec des agents procéduriers, qui ne parlent que sigles et formulaires, les syndicats rétorquent que les usagers sont trop exigeants face à un service public qui manque cruellement de moyens et d'effectifs. Un dialogue de sourds.

Chasse aux indices

Une des particularités de l'administration française est de demander le moins possible leur avis aux usagers. Pourquoi ? Parce qu'il est jugé non pertinent, voire totalement inutile. De fait, les fonctionnaires s'estiment infiniment plus compétents pour évaluer la qualité de leurs prestations. L'impact des enquêtes, sondages et autres baromètres indépendants est quasiment nul. L'administration fait de la résistance et ne s'en cache même pas. La Cour des comptes dévoile, en juillet 2009, dans son rapport du comité d'enquête sur le coût et le rendement des services publics, la position de l'Éducation nationale : « *L'Éducation nationale estime que la satisfaction des usagers n'est pas une notion pertinente dans ses missions*[1]. » Les élèves et leurs parents apprécieront. Et s'il ne s'agissait que de l'Éducation nationale ! Ce phénomène est loin d'être isolé. Le dernier rapport Cornut-Gentille[2] sur la modernisation de l'État indique à mots couverts que « *les réticences administratives [à l'évaluation] demeurent fortes* ». Encore un euphémisme !

Plus qu'une opposition frontale, les réticences se matérialisent par un manque de transparence. En effet, 76 % des Français seraient très intéressés par la publication régulière d'indicateurs capables de suivre l'évolution de la qualité du service public. Si ces indices chiffrés ont bel et bien été mis en place, ils sont savamment cachés par les services

---

1. Cour des comptes, « Rapport sur la satisfaction des usagers », *op. cit.*

2. François Cornut-Gentille, « Rapport sur la modernisation de l'État, la qualité des services publics et les indicateurs », remis en mars 2010 à Éric Woerth, ministre du Budget, des Comptes publics, de la Fonction publique et de la Réforme de l'État.

concernés. Les repérer sur Internet relève ainsi du parcours du combattant. Un problème de communication ? Peut-être, adossé à une volonté délibérée de ne pas faire toute la lumière sur le fonctionnement des administrations.

Mais le rapport Cornut-Gentille va plus loin. Même si la culture du résultat est brandie comme un nouvel objectif par les ministres, le service public reste vent debout face aux indicateurs de performance. Et pour cause. Publier les résultats des enquêtes sur ce terrain reviendrait à faire apparaître les points faibles du service public, soudain devenu faillible.

Une réforme devait tout changer. Amorcée par la droite mais acceptée par la gauche, la Lolf (Loi organique relative aux lois de finances) devait présenter d'une façon plus efficace les différents postes du Budget.

Mais dès 2008, un rapport de l'OCDE[1] pointait les lacunes de cette nouvelle loi : « *Les relations entre les objectifs du service public et les indicateurs de performance sont encore en cours d'examen [...]. Même si l'opinion est favorable, les spécialistes ont des doutes quant à la mise en œuvre de la Lolf. Elle exigera d'autres changements tels que, par exemple, une nouvelle loi sur la fonction publique, une révision du système de comptabilité publique et un processus d'examen continu de la Lolf elle-même.* » Autant dire qu'il faudrait tout réformer avant de pouvoir y voir plus clair. Une vision radicale des changements à mettre en

1. Oscar Huerta Melchor, *La Gestion du changement dans l'administration des pays de l'OCDE*, Éditions de l'OCDE, 2008.

œuvre. Et le rapport d'enfoncer le clou : « *L'accent mis sur les résultats implique une évolution radicale des mentalités. Cela exige de nouvelles valeurs, de nouvelles attitudes et de nouvelles priorités, assorties de la création d'un nouveau système de valeurs compatible avec une culture axée sur la performance.* » L'OCDE met des mots sur des faits : l'évaluation de la performance des services publics en France ? On n'est pas près d'y arriver !

L'autoévaluation, ou l'art de se contempler le nombril

L'administration française préfère travailler en vase clos, surtout pour évaluer ses performances. Cette autoévaluation passe essentiellement par le référentiel « Marianne » mis en œuvre en 2008. Il n'impose d'ailleurs aucun recours à d'éventuels audits, internes ou externes, mais résulte d'une autoévaluation annuelle. Quel crédit peut-on lui accorder ?

Initialement, les engagements regorgeaient de bonnes intentions. Par exemple, réduire les petites tracasseries administratives et la dictature des guichets. L'une des formulations de la charte était pleine d'espoir : « *Nous nous engageons à ne vous demander que les documents légalement indispensables au traitement de votre demande.* » Las ! Il fallut ôter, par esprit de compromis, le terme « légalement » et faire preuve d'une fermeté sans faille pour que « indispensables » ne soit pas transformé en « nécessaires ». La consolation ? Avoir réussi à éviter un : « *Nous nous engageons à ne vous demander que les documents nécessaires au traitement de votre demande* » qui aurait mérité une place de choix dans le palmarès des engagements absurdes !

Pire, un indicateur mal ficelé peut produire des effets boomerang. Exemple très médiatisé de cette culture de l'« indicateur idéal » : l'explosion des gardes à vue. Alors qu'en 2001, on comptait 336 718 gardes à vue, leur nombre a quasiment doublé en cinq ans pour culminer au nombre record de 800 000 en 2009. Selon le critère de performance mis en place par le ministère de l'Intérieur, la police serait donc devenue deux fois plus performante. C'est évidemment absurde. En revanche, il apparaît clairement qu'avec la mise en place d'indicateurs inadaptés, on dégrade le fonctionnement d'une administration en donnant l'illusion de mieux la gérer.

Ces indicateurs de performance, même ceux qui résultent d'une autoévaluation, ont fini par être accusés de tous les maux. Jusqu'au Médiateur de la République, qui se mit aussi à faire des observations critiques en 2008, en soulignant leur inefficacité. C'est vrai qu'il existe « *une réelle distorsion entre les déclarations d'intention et la réalité. "L'accessibilité", la "rapidité", la "courtoisie", la "clarté des réponses", l'"esprit d'écoute, de rigueur et de transparence" voulus à l'origine restent parfois lettre morte* ».

Il ne faut donc pas trop attendre non plus de cette charte d'accueil des usagers appelée « Charte Marianne », une simple feuille de papier énumérant les engagements pris par l'administration comme autant de promesses à tenir, comme le rappelle la Cour des comptes dans son rapport sur la satisfaction des usagers.

En bout de course, cette Charte est une ode de propagande à la modernité de l'État. Tout-va-bien, on vous le dit. En février 2006, un communiqué de presse du ministère de l'Économie, des Finances et de l'Industrie présentait ainsi le premier bilan de l'application de ce dispositif. Il était signé par Jean-François Copé, alors ministre du Budget. D'après ce bilan, 66 % des services inspectés respectaient de façon satisfaisante leurs engagements, 80 % obtenaient des résultats très satisfaisants sur l'accès aux services, 60 % obtenaient des résultats très satisfaisants sur le traitement des réclamations.

Comment en est-on arrivé à un tel décalage entre les impressions du public et les communiqués d'autosatisfaction de l'administration ? Tout simplement parce que le procédé choisi, l'autoévaluation, n'a pas de sens. Quel chef de service, quel directeur des impôts, quel proviseur a envie de dénigrer l'établissement qu'il dirige ? À cela s'ajoute la complexité des mécanismes de la nouvelle loi budgétaire, cette fameuse Lolf : celle-ci ne comporte pas moins de 1 178 critères d'évaluation en 2009 ! Un chiffre faramineux qui noie dans la masse toute tentative sérieuse d'analyser l'efficacité des différentes administrations.

D'autres pays européens ont pourtant réussi à résoudre ce problème. En Suède, par exemple, l'évaluation de la qualité du service public est désormais au cœur de la démarche des agents qui y travaillent : *« La culture administrative a indéniablement changé en Suède depuis le lancement d'une politique qualité en 1982. Les fonctionnaires sont désormais conscients de l'utilité d'accorder une plus grande attention aux attentes et aux critiques des usagers*[1] », selon un responsable de la mise en œuvre de la politique qualité en Suède.

Comment en est-on arrivé là ? Les fonctionnaires suédois sont-ils si différents des Français ? Pas forcément, poursuit le document, qui souligne que cette évolution culturelle découle d'une évolution du discours officiel : « *Dans les premiers temps, la politique de qualité pouvait effectivement être perçue comme une critique implicite des fonctionnaires.* » Voilà la clé. Mêmes critiques, mêmes réticences. Comment la Suède a-t-elle alors réagi ? « *Le discours a très vite changé, en se concentrant sur les bénéfices que* [*les fonctionnaires*] *pouvaient retirer, en termes de considération sociale, d'une meilleure qualité des services publics.* »

Et cela a marché. En 1999, la Suède crée un Conseil national de la qualité, dont le rôle est de promouvoir les meilleures pratiques. L'obligation faite aux administrations de rendre compte annuellement de leurs performances devant le Parlement a également été un puissant facteur d'incitation. « *Par ailleurs, le gouvernement a incité les agences et ministères à ne pas simplement évaluer la qualité en interne, mais à faire également appel à des évaluations indépendantes de façon à rendre les avis plus objectifs. Il a été en outre demandé aux agences de ne pas procéder exclusivement à des sondages de satisfaction, mais de mettre aussi en place des panels qui permettent d'établir un*

---

1. Sylvie Trosa, *Modernisation du management public : le pari de la qualité*, Institut de l'entreprise, avril 2006.

véritable dialogue, sur la durée, avec les usagers. » En moins de dix ans, cette politique de bon sens a renversé une tendance qui ressemblait étrangement à ce qui se passe en France. N'est-ce pas la preuve que, contrairement à ce que recommandent les spécialistes, à l'OCDE ou ailleurs, il n'est pas besoin de lancer une multitude de réformes avant de pouvoir obtenir des progrès tangibles ?

Malheureusement, le pire foyer de résistance campe au sommet de l'État français. Où ? Au cœur même de l'ENA, cette fabrique de l'élite technocratique à la française. Étrangement, alors que cette école demeure le symbole de l'excellence, elle semble avoir développé une certaine allergie à la performance. « *Tout se passe comme si la gestion par la performance n'était ni enseignée ni pratiquée à l'École nationale d'administration* », disait, dans son rapport spécial sur la fonction publique, le député de l'Essonne Georges Tron, devenu ministre de la Fonction publique. Visiblement très remonté, le rapporteur spécial constatait en effet que le contrat d'objectifs et de moyens de l'ENA, pourtant initié en 2001 par la fameuse Lolf, reste toujours en attente de signature dix ans plus tard. Étrange résistance de la part d'une institution qui se veut à la pointe de la modernisation de l'État. Il semble que la signature dudit contrat d'objectifs et de moyens ne soit pas facile à obtenir pour le Parlement : « *S'agissant de l'ENA, le rapporteur spécial a la désagréable impression de se répéter année après année. La convention d'objectifs et de performance de cette école, sur laquelle s'était engagé en 2006 M. Jean-François Copé, ancien ministre du Budget, n'est toujours pas signée.* »

Pourtant, dès le mois d'octobre 2005, l'ENA organisait un colloque intitulé « Performance et organisation : innover pour réussir la Lolf ». Un nouveau séminaire a eu lieu le 4 mai 2010 : « La gestion des finances publiques en mode Lolf ». Ces séminaires pointus n'ont accouché que de généralités sans intérêt. Et Georges Tron d'insister : *« L'indicateur mesurant le coût d'un élève de l'ENA, tel que présenté dans le projet annuel de performances, ne comprend toujours pas les dépenses d'investissement de l'école. »* Rien de plus difficile à obtenir auprès de l'ENA que le simple coût d'un élève pour une année. Petit calcul : il apparaît que, pour 2008, le budget consolidé exécuté est de plus de 45 millions d'euros pour 32 millions de subventions de l'État. Si l'on considère uniquement la formation initiale, c'est-à-dire les seules promotions d'énarques, l'équivalent de 252 élèves ont été présents tout au long de l'année 2008. Soit un coût par élève « diplômé de l'ENA », pour le budget de l'État, d'environ 127 000 euros par an. Bien sûr, ce calcul ne prend pas en compte toutes les autres formations dispensées à l'ENA, qui sont payantes, ne bénéficient pas, a priori, de subventions, et génèrent un chiffre d'affaires non négligeable. Cette opacité étonnante a suggéré à Georges Tron une jolie formule : *« L'établissement chargé de former les hauts fonctionnaires de la République s'affranchit de la logique que toute l'administration s'astreint à respecter. »* Bref, l'ENA est au-dessus des règles qui s'appliquent aux autres secteurs de l'administration, même sous la – ferme – autorité du président Sarkozy. L'ENA contre l'État ? On peut se le demander. Et la question de la capacité de résistance de l'école au pouvoir politique se pose tout de même.

Cette incompréhension, chez nous, entre les usagers et l'État vient en définitive du nombre et de la complexité des réglementations en vigueur. Cette critique revient régulièrement sous la plume du Médiateur de la République qui, dans son rapport de 2009, écrivait : « *C'est un sentiment diffus que les citoyens sont de plus en plus nombreux à ressentir : celui d'être face à un vertigineux empilement de lois et de règlements, dont ils n'arrivent pas à savoir lesquels s'appliquent à leur situation particulière.* »

Le Médiateur raconte ainsi l'histoire d'un sapeur-pompier professionnel, victime d'un accident du travail. Le voilà en arrêt de travail pendant plusieurs mois. Consciencieux, il interroge son centre des impôts sur le régime fiscal applicable aux indemnités journalières perçues à ce titre. Dans un premier temps, on lui répond que ces indemnités ne sont pas imposables puis, dans un second temps, le service des impôts va revenir sur sa réponse pour lui dire l'inverse. Il consulte alors un autre centre qui lui confirme que ces sommes échappent bien à l'impôt. Dans le doute, il va jusqu'à saisir le conciliateur fiscal de son département, qui lui précise finalement que ses indemnités sont… imposables. Qui croire ? Ces réponses contradictoires sont source d'insécurité pour l'usager.

Alors qu'en France, « nul n'est censé ignorer la loi », on peut se demander quelle est la valeur d'un service public dont les agents ne maîtrisent toujours pas eux-mêmes les subtilités.

3.

La grève en toute impunité

Septembre 2010 : les syndicats manifestent dans la rue contre la réforme des retraites. En tête du cortège, la RATP et la SNCF. Sont-ils inquiets à l'idée de devoir travailler jusqu'à soixante-deux ans ? Pas vraiment. En réalité, cette réforme ne les concerne pas directement. Pour eux, une seconde vie commence à la retraite, dès cinquante ou cinquante-cinq ans selon les cas. Vont-ils admettre qu'on les force à prendre leur retraite à cinquante-deux ou cinquante-sept ans ? Ce crime de lèse-agent public leur semble inadmissible. Ils ont juré que la réforme ne passerait pas.

Un concept original

Justifier l'entrée en grève des personnels des services publics de transport n'a donc pas été facile : en moyenne, ces salariés du public travaillent en effet sept ans de moins que leurs homologues du privé, pour partir à la retraite à cinquante-quatre ans au lieu de soixante et un. Une fois de plus, leurs représentants ont donc brandi l'argument imparable qui justifie toutes les dérives : l'intérêt général ! Didier Le Reste, à la tête de la fédération CGT des cheminots, s'est répandu dans les médias sur le thème de la solidarité : « *Si nous ne faisions pas grève… on nous accuserait d'égoïsme !* » Les usagers, qui ont subi cet extraordinaire élan d'altruisme, ont eu du mal à comprendre que les agents aient tout bloqué « pour eux ». La grève par procuration a ses limites, et la première restera une légère difficulté à faire passer le message vers le grand public bloqué à quai. Les grévistes ont finalement fait machine arrière, noyant leurs motivations dans un grand charivari de slogans opaques.

Quant aux lycéens et autres étudiants, ils auraient dû applaudir une réforme censée les protéger de l'obligation de supporter seuls les retraites des générations précédentes. Surprise : les voilà qui sont descendus eux aussi dans la rue !

La France s'est retrouvée dans une très étrange situation : les salariés du secteur privé, les plus impactés par la réforme des retraites, sont restés au travail, pendant que la grève était le fait de travailleurs protégés, ou d'étudiants moins concernés par la loi.

Étranges aussi, les sondages : si 71 % des Français trouvaient le mouvement « justifié », ils étaient 49 % à souhaiter (Ifop) qu'il s'arrête très vite, contre 31 % qui avaient envie, en cet automne 2010, que cela dure au-delà de quelques jours… Le manque de lisibilité de notre système de retraites, assorti d'une mauvaise communication, a fait le jeu des passéistes.

Quant à nos voisins européens, ils jettent un œil étonné sur les Français qui manifestent contre l'idée de travailler jusqu'à soixante-deux ans. Eux-mêmes ont déjà réglé la question, en adoptant un système qui les oblige déjà à travailler jusqu'à soixante-sept ans. Les journalistes suédois ou norvégiens n'en reviennent toujours pas. Quant aux Allemands, ils n'ont pas eu la possibilité de contester, puisque leurs lois interdisent totalement les grèves politiques.

Le laxisme, l'autre exception française

D'abord interdit, le droit de grève est toléré et dépénalisé en 1864, mais reste inaccessible aux agents du secteur public. Il faut attendre la Libération pour que ce droit soit reconnu aux agents du public, en préambule (alinéa 7) de la Constitution du 27 octobre 1946. La formule est sibylline : « *Le droit de grève s'exerce dans le cadre des lois qui le réglementent.* » Il reste malgré tout interdit à certaines catégories de personnels : CRS, personnels de police, militaires et magistrats… Mais pour ceux qui ont obtenu le droit de faire grève, les conditions sont floues. En raison de cette carence du législateur, le Conseil d'État impose une jurisprudence en juillet 1950, l'arrêt Dehaene, qui demande à l'administration de préciser les conditions de son exercice. Il appartient alors aux chefs de service de réglementer le droit de grève des fonctionnaires. S'ils peuvent l'interdire à certains agents, ou prévoir un service minimum, ils ne peuvent prendre de mesures trop générales, qui auraient pour effet de rendre son exercice impossible. Résultat : en France, le droit de grève des agents publics est très permissif et admet les grèves de nature professionnelle, mais aussi politique.

Ce laxisme est encore plus étonnant quand on le compare aux réglementations en vigueur chez nos voisins européens.

Selon les pays, les modalités du droit de grève sont différentes, souvent plus contraignantes qu'en France. Au Danemark, les fonctionnaires n'ont aucun droit de grève. La Grande-Bretagne n'admet pas les grèves dites « politiques », quand l'Espagne considère illégales les grèves pour des motifs autres que l'intérêt des travailleurs. Enfin, l'exemple de l'Allemagne reste le plus édifiant. Le droit de grève y est particulièrement encadré. D'abord, il est toujours interdit aux fonctionnaires. Même lorsque les agents de la Deutsche Bahn sont passés sous statut privé, le droit de grève leur est resté interdit. En second lieu, la grève n'est légale que si elle porte sur les conditions de travail, telles que définies dans les conventions d'entreprise ou de branche. Toute grève « politique » contre des lois votées au Parlement, et même toute grève de « solidarité », est illégale et peut être sanctionnée par un licenciement. En dernier lieu, l'exercice du droit de grève est enserré dans des procédures très strictes. Par exemple, la grève ne peut intervenir que dans le cadre de la renégociation des conventions d'entreprise ou de branche, entre les organisations syndicales et patronales, à condition qu'il y ait d'abord eu un premier cycle infructueux de négociations. Il ne peut s'agir alors que de grèves d'avertissement, pour des durées très limitées et une partie seulement du personnel. La grève générale ne pourra intervenir qu'ultérieurement, sous réserve que 75 % au moins des syndiqués s'y déclarent favorables par référendum. Enfin, les statuts des syndicats prévoient généralement que ceux-ci s'engagent à rémunérer leurs syndiqués grévistes sur les fonds de leurs caisses de grève. Au final, on comprend pourquoi il n'y a pas eu plus de trois jours de grève en moyenne en Allemagne, entre 2001 et 2006, contre trente fois plus en France, où, pour la seule année 2008, près de deux millions de journées de travail ont été perdues.

Les progrès réalisés en France pour améliorer la vie des usagers pendant les grèves restent minces : une simple procédure d'alerte à la RATP, l'instauration d'un service minimum bancal, le paiement des jours de grève des services publics désormais exclu... En revanche, les grèves sont majoritairement politiques, et les syndicats usent et abusent du fameux droit de retrait, pour imposer leurs revendications. Peut-on espérer des réformes législatives sur le modèle allemand ? Évidemment pas.

En vérité la France est la championne européenne de la grève, qui enregistre le plus grand nombre de journées chômées par an. Un sacré paradoxe quand on sait que son taux de syndicalisation, sous la barre des 7 %, reste le plus faible de tous les pays développés. Rappelons qu'en Suède, le taux de syndicalisation est de 91 %, de 80 % au Danemark et de 32 % au Royaume-Uni. Ces pays enregistrent pourtant beaucoup moins de jours de grève.

Enfin en tête d'un classement

Dans le palmarès de la « grévitude », la France se classe avec aisance en tête, avec quelque 1 800 000 journées « non travaillées[1] » par an. Presque à égalité avec l'Espagne, mais loin devant l'Italie (1 million), le Royaume-Uni (525 100) ou le Portugal (41 480). Chez nous, le nombre de jours de grève tend à augmenter dans la fonction publique, alors qu'il diminue nettement dans les entreprises privées. Comme l'a très justement écrit François Doutriaux : « *La fonction publique se substitue progressivement aux salariés privés dans le cadre des conflits sociaux* [car] *le statut particulier des agents de l'État facilite le droit de grève*[2]. » Alors qu'en 1982, le nombre de jours de grève des fonctionnaires représentait 5 % du total des grèves, il est aujourd'hui de 62 %.

Cet élan date d'il y a quinze ans : on se souvient que 1995 avait été un bon millésime. Le nombre de jours de grève contre le plan Juppé[3] sur les retraites et la Sécurité sociale avait été six fois supérieur dans le public à ce qu'il fut dans le privé. Les transports

---

1. Voir annexe 1, p. 199.

2. Enseignant en droit privé et consultant juridique indépendant ; tribune publiée dans *Libération*, 20 novembre 2007.

3. Le 15 décembre 1995, le gouvernement finit par retirer sa réforme sur les retraites, la fonction publique et les régimes spéciaux (SNCF, RATP, EDF).

publics et les grandes administrations (La Poste, France-Télécom, EDF-GDF, Éducation nationale, secteur de la santé, administration des finances, etc.) s'étaient investis à fond, déployant plus de 1,7 million de journées de grève, contre « seulement » 254 000 dans les entreprises privées. Et encore, comme le souligne le député Robert Lecou, ces chiffres sont largement sous-estimés, faute de statistiques fiables pour le secteur privé et de références (inexistantes) pour les secteurs hospitaliers et parahospitaliers.

Un rapport de la Dares[1], chargée au ministère du Travail de publier des statistiques sur le sujet, le déplore platement : *« Le signalement des conflits du travail n'est, en France, accompagné d'aucun acte administratif obligatoire. Ce travail est codifié par une procédure légale dont sont souvent éloignées les pratiques réelles. »*

Le circuit des statistiques est kafkaïen, qui remonte des inspections du travail vers la Dares en passant par les directions départementales puis régionales du travail. Comment ne pas perdre les données en route ?

Un incident regrettable

Printemps 1963. La présidence est au garde-à-vous : de Gaulle s'apprête à accueillir un hôte de marque, le roi du Maroc, avec lequel il doit signer

1. Dares (Direction de l'animation de la recherche, des études et des statistiques), « Évaluation des statistiques administratives sur les conflits du travail », rapport de Delphine Brochard, novembre 2003.

d'importants contrats. Pas de chance, la France est bloquée par une grève des transports. À Orly, la situation est critique, et Hassan II va poireauter plusieurs heures dans l'aéroport avant de pouvoir franchir les portes de Paris. Un camouflet ? Pire, une véritable humiliation.

Le président va mettre un point d'honneur à éviter qu'une telle situation puisse se reproduire ; à cause de ce retard, il va imposer la loi du 31 juillet 1963, qui précise le cadre de l'exercice du droit de grève pour « *les personnels civils de l'État, des départements et des communes* », mais aussi pour ceux des entreprises, organismes et établissements publics ou privés « *chargés de la gestion d'un service public* ». Toute grève doit être annoncée et précédée d'un préavis d'une ou de plusieurs organisations syndicales représentatives « *sur le plan national* ». Ce préavis devra parvenir à l'autorité concernée cinq jours avant la cessation du travail. Mais la réforme va plus loin, en réglementant les conséquences de la grève sur le salaire des fonctionnaires. Pour la première fois dans un texte législatif, il est précisé que « *l'absence de service fait par suite de cessation concertée du travail entraîne une réduction proportionnelle du traitement ou salaire et de ses compléments* ». Cet article 6 est rapidement devenu la bête noire des syndicats, qui n'ont eu de cesse de le voir disparaître.

Finalement, ce sont les communistes, entrés au gouvernement en 1981, qui auront raison de cet article. Anicet Le Pors va découper voire ciseler la loi de 1963, de façon à compliquer tellement le système des retenues pour grève sur les salaires qu'il en devient inapplicable. À le lire, on ne peut qu'être admiratif : « *L'absence de service fait, résultant d'une cessation concertée du travail, donne lieu, pour chaque journée, si elle n'excède pas une heure, à une retenue égale à un cent soixantième du traitement mensuel, si elle excède une heure sans dépasser une demi-journée, à une retenue égale à un cinquantième du traitement mensuel, lorsqu'elle dépasse une demi-journée sans excéder une journée à une retenue égale à un trentième du traitement mensuel.* »

Connu pour être plutôt modéré, l'Institut supérieur du travail, organisme d'expertise sur le fait syndical et la représentation du personnel, va se lâcher en commentant ce changement dans la loi : « *Ces comptes d'apothicaire ne peuvent que réjouir les amateurs de la grève en dentelle qui pourraient reprendre, sans trop de casse pour eux, leurs activités festives de trublions irresponsables.* » Sous le feu des critiques, la loi sera finalement abrogée dès 1987.

Au final, c'est la règle du « trentième indivisible », selon laquelle toute grève donne au moins lieu à une retenue de salaire d'une journée entière, qui est adoptée. Mais attention, cette règle n'est applicable ni dans la fonction publique territoriale ni dans la fonction publique hospitalière. De guerre lasse, le gouvernement finit par l'appliquer en pointillés puis plus du tout, au gré de son inspiration.

Le non-paiement des jours de grève semble pourtant assez logique. Pas de travail, pas de salaire. Les textes sont formels. Mais la facilité avec laquelle les personnels du secteur public stoppent le travail conduit beaucoup de Français à s'interroger.

En réalité, plusieurs solutions épargnent aux grévistes une ponction immédiate et forcément lourde sur leurs salaires : tout d'abord, ils peuvent choisir d'étaler ce manque à gagner sur plusieurs mois. Un choix facile, devenu quasiment de droit. Ensuite, ils ont également la possibilité d'échanger les jours chômés contre des congés payés, dont la fonction publique n'est pas avare, en particulier dans l'Éducation nationale. Enfin, les fonctionnaires ont eu une idée révolutionnaire : la mise en place d'un système d'heures supplémentaires plus ou moins fictives. Dans ce cas, les agents s'engagent moralement à rattraper le temps perdu. Sur le terrain, l'application de ces usages est évidemment très floue. Le décompte des jours de grève est abandonné à la discrétion des chefs de service, de même que le contrôle du rattrapage des heures perdues. Sans compter le système de paie des ministères, qui est loin de suivre en temps réel les absences des salariés.

Et puis surtout, dès que la grève fait mine de se prolonger, les syndicalistes ont trouvé la solution miracle : le paiement des jours de grève vient s'ajouter à la liste des revendications qui motivent la cessation du travail. Cette demande, dans les faits, ne semble d'ailleurs plus négociable. À tel point qu'en 2003, le gouvernement a solennellement annoncé que « *les jours de grève ne seront plus payés* ». Une façon de confirmer que le paiement était devenu habituel. Il existait même une règle implicite, non écrite, du « vingt-deuxième jour », qui laissait entendre que les vingt-deux premiers jours de grève devaient être automatiquement payés. Les syndicats ont bien intégré le fait que les grèves doivent être soit très courtes – les salariés acceptant de perdre un jour de salaire –, soit très longues, le temps de négocier un protocole de sortie avantageux, assorti du paiement partiel ou total des jours de grève. Sur le terrain, les syndicats le répètent sans relâche à leurs adhérents novices : « *Plus la grève sera longue, plus vous aurez de chances d'être payés.* » Dans cet esprit, les observateurs gardent en mémoire l'anecdote ahurissante de Charles Fiterman. Alors ministre communiste des Transports, il avait, au début des années 1980, obtenu qu'on rembourse rétroactivement aux grévistes leurs jours non payés, sans hésiter à faire remonter cette faveur deux ans en arrière !

Depuis le gouvernement Raffarin, une circulaire dispose qu'on « *ne paie plus les jours de grève* ». Il aura fallu de nombreuses années pour que la loi soit respectée. Le gouvernement Fillon II, encouragé par le président, a cependant osé appliquer cette fermeté nouvelle pendant l'automne 2010. Et l'on a vu que le sacrifice ainsi imposé avait contribué à faire lâcher des grévistes pourtant décidés au départ. En 2007 déjà, après que Nicolas Sarkozy a réaffirmé que les jours de conflit chômés ne seraient plus payés, les agents des transports de la SNCF et de la RATP avaient fait machine arrière, affirmant qu'il en avait toujours été ainsi. Sud-RATP a même fait des déclarations dans ce sens, qui ont laissé plus d'un observateur bouchée bée, en martelant que « *les salariés grévistes ne peuvent prétendre au paiement de leur salaire pour les périodes de grève* », et surtout, ô miracle, qu'« *il en a d'ailleurs été ainsi lors des grands mouvements sociaux de 1995 et de 2003* ». Embrayant sur ce nouveau discours, les directions de la RATP et de la SNCF ont confirmé que leurs salariés n'étaient jamais payés en période de grève. Un comble.

Cela dit, la nature et les syndicats ayant horreur du

vide et des ponctions salariales, il semblerait qu'une grève récente ait renoué avec de vieilles habitudes : un conflit social à la régie des transports de Grenoble a trouvé une issue rapide grâce au « *paiement des jours de grève* ». La Sémitag a toutefois apporté une précision : « *Aucun jour de grève n'est payé aux salariés grévistes.* » Ah oui ? En revanche, « *possibilité leur est offerte de compenser, à leur demande, une partie des jours de grève sous forme de congés* ». Le barème proposé par les syndicats laisse rêveur : un jour de grève effectué = zéro jour de congé indemnisé. Deux jours de grève = une demi-journée de congé indemnisée. Et ainsi de suite (3 = 1 ; 4 = 1,5 ; 5 = 2 ; 6 = 2,5 ; 7 = 3). On imagine aisément la joie des fonctionnaires découvrant ce mode de calcul très favorable, et leur envie soudaine de l'importer dans le secteur public.

Comme le flou persiste toujours autour des petits arrangements qui clôturent les grèves, on peut rappeler la proposition de deux députés « *visant à instaurer la transparence sur le paiement des jours de grève dans le secteur public* ». C'était en l'an 2000, au siècle dernier : Bernard Accoyer et Christian Jacob étaient montés sur leurs grands chevaux pour constater qu'à l'occasion « *des grèves dans les secteurs monopolistiques ou subventionnés et dans le secteur public, la question du paiement des jours de grève demeurait opaque. S'agissant de conflits dont le coût est supporté par l'ensemble de la nation, le contrôle du Parlement permettrait de lever les interrogations et de contribuer ainsi à la cohésion sociale* ». Évidemment, cette proposition est immédiatement passée à la trappe et n'a jamais été adoptée. Le grand lobby de l'administration aurait-il quelques relais au Parlement ?

4.

Privilégiés dans la crise

Il y a une étrange règle en France : plus on proclame qu'il faut réduire le nombre de fonctionnaires et plus les réformes augmentant les avantages dont ils bénéficient sont facilement votées au Parlement. Ce festival d'avantages est censé faire passer la pilule de la réduction des effectifs publics avec l'aide des syndicats, piliers du lobby public. Mais n'est-ce pas un jeu de dupes ?

Tout commence en 1946

C'est en octobre 1946, sous la présidence du Conseil de Georges Bidault, que la première mouture du statut des fonctionnaires est adoptée. C'est à ce moment qu'aurait eu lieu le marchandage entre les gaullistes[1] et les communistes : Georges Bidault se serait engagé à faire voter le statut ; en échange, Maurice Thorez aurait accepté le projet de

1. Georges Bidault sera gaulliste jusqu'en 1958 ; il ralliera ensuite l'Algérie française.

Constitution MRP concernant l'Union française[1] (la France, les départements et territoires d'outre-mer, Madagascar et l'Algérie).

Il semblerait qu'une fois le vote communiste obtenu sur l'Union française, tous les souhaits de Thorez sur le statut de la fonction publique aient été exaucés. Selon l'historienne Jeanne Siwek-Pouydesseau, « *le projet de statut des fonctionnaires de l'État fut élaboré au cabinet de Maurice Thorez par la faction communiste de la CGT réunifiée. [...] Une partie des syndicalistes se disait que les circonstances ne seraient jamais aussi favorables et qu'il était du plus grand intérêt d'avoir un texte législatif statutaire, qu'il serait ensuite très difficile de remettre en cause*[2] ». Les syndicalistes voyaient en effet là l'occasion d'obtenir pour les fonctionnaires les droits syndicaux, et surtout le droit de grève, qui leur étaient jusque-là refusés.

À ce moment-là, Charles de Gaulle avait quitté le gouvernement et, selon l'historienne Georgette Elgey, « *ce marchandage, longtemps secret, est apparu au général de Gaulle comme une condamnation définitive du système : "Tu me donnes l'Union française, je te donne les fonctionnaires*[3]*..."* » Pour Georges Bidault,

---

1. Jeanne Siwek-Pouydesseau, *Le Syndicalisme des fonctionnaires jusqu'à la guerre froide : 1848-1948*, Presses universitaires de Lille, 1989.

2. Jeanne Siwek-Pouydesseau, *Les Relations de l'État patron avec les syndicats de fonctionnaires*, CERSA, Paris 2, 2004.

3. Georgette Elgey, *Histoire de la IVe République*, t. I : *La République des illusions, 1945-1951*, Fayard, 1965, éd. rev. 1993, p. 215.

ce fut une concession importante. Il dira plus tard : « *Ce statut, c'est mon remords, ou plutôt ce serait mon remords si je n'avais pas obtenu en échange le titre VIII de la Constitution.* » Cependant, Maurice Thorez niera toujours qu'il y ait eu un « *marchandage* » occulte. Selon lui, ce nouveau statut de la fonction publique d'État permet « *d'assurer la défense matérielle des fonctionnaires, de promouvoir la réforme administrative et de démocratiser l'administration* », ainsi que de « *préserver l'autorité du gouvernement et de ses représentants*[1] ».

Le statut de 1946 et ses modifications ultérieures consacrent des principes – ou avantages – qui n'avaient jamais été concentrés sur une seule catégorie de travailleurs :

– Un emploi garanti à vie[2] (le licenciement économique n'existe pas dans la fonction publique même si les finances de l'État ou de la collectivité employeur sont exsangues).

– Des rémunérations garanties à l'ancienneté.

– Le droit de grève.

– Un régime spécial de retraite.

– Un régime spécial d'arrêt maladie.

– L'interdiction de travailler dans le privé sauf exceptions (toujours soumises à autorisation de la tutelle publique).

– Neutralité politique (de plus en plus théorique).

---

1. Jeanne Siwek-Pouydesseau, *Le Syndicalisme des fonctionnaires jusqu'à la guerre froide : 1848-1948, op. cit.*

2. Le licenciement est en réalité possible mais quasiment jamais utilisé.

Au final, le statut a abouti à un système rigide. Surtout, il a été étendu – ce qui était exclu au départ – aux collectivités locales et aux hôpitaux, faisant passer le nombre de fonctionnaires locaux sous statut de 2,1 millions à quelque 5 millions dans les années 1980.

Dès lors, comme le souligna le rapport du député Gérard Longuet en octobre 1979, « *si l'on tient compte de l'effet d'entraînement de la fonction publique sur les personnels des collectivités locales et sur les effectifs des grandes entreprises nationales, un Français sur quatre vit selon les principes du statut général et, ce qui est plus grave encore, selon l'usage que trente années de pratique ont institué. En un mot, un Français sur quatre, ou un Français sur cinq, vit en marge de son temps*[1] ».

2000 : les 35 heures

Le projet initial de Martine Aubry sur les 35 heures prévoyait d'exclure les agents publics de la réforme de la durée du temps de travail pour plusieurs raisons : sécurité de l'emploi, conditions de travail (moins de stress, de responsabilités…) et… déficit budgétaire. De plus, si, dans le secteur marchand, il n'y avait pas eu de créations nettes d'emplois depuis quinze ans, le secteur public avait

1. Rapport du député Gérard Longuet, « Réflexions sur le devenir de la fonction publique », Assemblée nationale, 1979.

dans le même temps augmenté ses effectifs de 20 %.

Diminuer le temps de travail dans la fonction publique ne semblait en effet pas tenable au vu des finances de l'État : les gains de productivité ne génèrent pas de recettes supplémentaires dans le secteur public. Conserver le même service avec une durée du travail inférieure des agents demandait forcément, à terme, une augmentation des impôts.

Concrètement, le travail a continué comme auparavant, mais avec des congés en plus. Au lieu de diminuer le nombre d'heures travaillées par semaine, les agents ont ouvert un compte épargne temps pour cumuler des jours de congé en plus.

Comme un malheur n'arrive jamais seul, le « détricotage » des 35 heures voulu pour le secteur privé a été aussi adapté au secteur public. La double exonération fiscale et sociale des heures supplémentaires représente un effort financier considérable pour le Trésor. En effet, le projet de budget 2008 chiffrait, pour la seule fonction publique d'État, à 250 millions d'euros le coût pour la collectivité : 150 millions pour les cotisations sociales et 100 millions au titre de l'impôt sur le revenu. Par ailleurs, ces heures supplémentaires ont été majorées de 25 % au moins par rapport à la rémunération des heures normales. Dans le privé, les heures supplémentaires sont majorées de 10 à 25 % pour les huit premières heures (soit de la trente-sixième à la quarante-troisième heure incluse) et à 50 % à partir de la quarante-quatrième heure. Dans le public, les 25 % sont garantis dès la première heure. Les syndicats diront qu'ils n'ont pas les heures supplémentaires à 50 %, mais combien d'agents publics font plus de quarante-trois heures par semaine ?

C'est aux enseignants, en priorité, que profite ce dispositif. En effet, si les cadres publics de catégorie A et B, payés forfaitairement, ne peuvent bénéficier d'heures supplémentaires, ce n'est pas le cas des enseignants. Leurs organisations syndicales ont d'ailleurs obtenu que les heures de soutien scolaire soient intégrées dans le dispositif sur les heures supplémentaires, contrairement à ce qui avait été envisagé au départ. En revanche, un enseignant payé par une collectivité pour surveiller les repas à la cantine ne bénéficie pas des exonérations ! Bercy craignait un *« effet de contagion »*. Cela ne semble cependant pas leur suffire. Sur le site officiel de la Société des agrégés, on peut en effet lire : *« La Société des agrégés demande avec insistance que le décret fixant les obligations de service soit révisé au plus vite, et que le volume horaire annuel des professeurs agrégés soit ramené à 288 heures, avec 12 heures hebdomadaires au maximum d'équivalent TD. »* Ainsi, les agrégés qui ont entre douze et quinze heures de cours en moyenne par semaine pourront-ils bénéficier du taux heures supplémentaires et de la défiscalisation pour leurs heures supplémentaires...

Dans les hôpitaux, c'est un autre problème. Ce seraient environ *« 23 millions d'heures supplémentaires impayées et les 3,5 millions de jours de congés accumulés dans des comptes épargne temps par l'ensemble des salariés de l'hôpital, faute d'effectifs suffisants »*. Les contraintes spécifiques liées à la vie hospitalière, et notamment au service de nuit, font que les repos compensateurs sont pléthoriques. Même Martine Aubry reconnaît à mi-mot que l'application de cette réforme dans les hôpitaux n'était pas la meilleure idée qui soit.

Le droit au chômage... sans cotiser

C'est un décret fixant les modalités de licenciement des fonctionnaires ayant refusé successivement six postes qui surprend. Il est apparu à la suite du vote définitif de la loi Mobilité dans la fonction publique, en août 2009, après avoir mis un an pour faire le chemin entre le Sénat et le Palais-Bourbon. Le décret précise que, pendant cette période de mise en disponibilité, l'agent de l'État peut être réintégré mais que, s'il refuse à nouveau trois postes, il peut *« être licencié après avis de la commission administrative paritaire ou s'il a droit à pension, admis à la retraite »*.

A priori, pas de quoi faire un scandale puisque, depuis 1984, la possibilité de licencier est inscrite dans le statut de la fonction publique, proposée par le ministre – communiste – Anicet Le Pors. Avec, vingt ans plus tard, seulement 55 agents publics licenciés en 2002 (dernier chiffre disponible) sur plus de 5 millions de fonctionnaires des trois fonctions publiques, on est loin d'un phénomène de grande ampleur.

L'ancien ministre de la Fonction publique, Éric Woerth, expliquait récemment : *« La future procédure est bien moins brutale que l'actuelle, instaurée par le gouvernement Mauroy. Quand un poste est supprimé aujourd'hui, le fonctionnaire doit accepter le premier poste qu'on lui donne. S'il refuse, il est considéré comme ayant abandonné son poste et est radié des cadres. Il perd ses droits à l'allocation chômage.* » Sous-entendu, même s'il refuse six postes, le fonctionnaire ne sera pas considéré comme ayant abandonné son poste et touchera donc le chômage. Il s'agit donc d'un nouveau droit acquis pour les agents publics, le droit à un chômage indemnisé, sans toutefois devoir payer toutes les cotisations à l'assurance chômage qui, normalement, vont de pair avec ce droit.

L'intouchable pouvoir d'achat

Sous le nom d'échelle mobile ou d'indexation des salaires, la garantie du pouvoir d'achat des fonctionnaires existait depuis 1975 et concernait tous les fonctionnaires, mais avait été supprimée car trop coûteuse.

Depuis les accords de février 2008, une « garantie individuelle du pouvoir d'achat » est versée à tous les agents dont le traitement de base a moins progressé que l'inflation au cours des quatre dernières années (7,2 % des agents en 2008). Le mécanisme concerne les agents des trois fonctions publiques (d'État, hospitalière, territoriale), titulaires et non titulaires. Contrairement aux salariés du privé, la garantie individuelle du pouvoir d'achat (Gipa) permet donc aux agents publics d'avoir une réévaluation automatique à la hausse de leur rémunération. Un engagement dangereux, surtout si l'inflation repartait fortement à la hausse, car elle ferait remonter mécaniquement très vite les dépenses de personnels.

En 2008, ce sont cent trente mille fonctionnaires d'État qui en ont bénéficié. Coût total ? 100 millions pour l'État, 25 millions pour les collectivités et 23 millions pour les hôpitaux publics. En moyenne, ce sont 740 euros bruts qui ont été versés aux agents bénéficiaires. La somme a été attribuée en 2008 aux agents ayant perdu du pouvoir d'achat entre le 31 décembre 2003 et le 31 décembre 2007. Les personnels du ministère de l'Éducation nationale (cinquante-six mille personnes) en ont bénéficié, pour un montant moyen de 1 106 euros bruts. Dans la fonction publique hospitalière, 6 %, soit quarante-six mille personnes, en ont bénéficié. Le coût de la Gipa *« n'est pas financé par les économies liées à la suppression de postes de fonctionnaires »*, a précisé Éric Woerth.

Cette idée avait toujours été considérée comme génératrice potentielle de coûts énormes, à gauche comme à droite. Pourtant, il a fallu attendre la plus grosse crise de la dette publique jamais connue pour qu'elle soit mise en place. Encore un mystère de la force du lobby public. Ou doit-on y voir un deal contre le non-remplacement d'un fonctionnaire sur deux partant en retraite, qui n'est pourtant pas appliqué dans les collectivités ni les hôpitaux ?

L'intéressement... au déficit ?

Après la garantie du pouvoir d'achat et la prime au mérite, la dernière trouvaille du ministère de la Fonction publique est originale : elle consiste à donner un intéressement aux fonctionnaires ! Le dispositif a été voté en 2010. Il sera de 300 euros pour environ 25 % de la fonction publique. Au départ, les syndicats se sont opposés à ce dispositif au motif qu'il excluait les fonctionnaires qui auraient été absents trop souvent : « *Les agents qui, du fait de leur présence insuffisante, n'ont pas pu influer sur les résultats, peuvent être exclus du dispositif.* » Comique.

Reste une question : sur quelles bases sera jugée la réalisation des objectifs ? Sur la qualité du service rendu ? Ou sur la capacité que les administrations auront de réduire les dépenses publiques ? Quand on voit dans le rapport du député Michel Diefenbacher[1] sur l'intéressement que 54 % d'agents sont favorables à la mise en place d'un « *intéressement pécuniaire subordonné à l'atteinte des résultats de leur administration* » mais qu'ils sont 76 % à estimer qu'il « *ne doit pas exister de lien entre intéressement pécuniaire et réduction du nombre de fonctionnaires* », on comprend que le lien entre intéressement, gestion rigoureuse des dépenses publiques et économies est encore à construire ! Pourtant, dans le secteur

1. Rapport du député Michel Diefenbacher « L'intéressement collectif dans la fonction publique », Assemblée nationale, mai 2009.

privé, l'intéressement n'existe que s'il y a des bénéfices et non pas en cas de déficit. Mais ce paradoxe ne choque pas, ce qui choque, c'est que les agents absentéistes ne puissent bénéficier du dispositif. Avec cette philosophie de la gestion, la réforme de l'État n'est pas pour demain.

5.

Ils vivent au-dessus de nos moyens

Un mythe a la vie dure : les fonctionnaires seraient sous-payés. On en est loin. Entre 1995 et 2007, la rémunération moyenne des personnels titulaires en place deux ans de suite dans la fonction publique a augmenté de 47,2 %, soit 4 % par an, alors que celle du privé a augmenté moitié moins vite, n'enregistrant que 23,3 % d'accroissement, soit 2,1 % par an.

Suivre l'évolution des rémunérations du secteur public n'est pas chose aisée. L'indicateur de rémunération de la fonction publique s'appelle donc, dans le langage technique, la RMPP, ou rémunération moyenne des personnes en place. Ce n'est pas cet indicateur que vous verrez dans vos journaux, car ce n'est pas celui qui est retenu pour faire une comparaison entre public et privé. C'est un autre, le SMPT[1], ou salaire moyen par tête, qui fait ressor-

1. Selon l'Insee, « *le salaire moyen par tête (SMPT) est le rapport de la masse salariale brute aux effectifs salariés physiques : il prend en compte l'ensemble de la rémunération, notamment les primes, l'intéressement ou la rémunération des heures supplémentaires, qui représentent 15 % de la rémunération des salariés. Le SMPT porte sur*

tir une évolution des rémunérations dans la fonction publique qui n'est plus de 47,2 % mais de 30,6 % entre 1995 et 2007 si l'on considère la rémunération nette de cotisations sociales. Les fonctionnaires sont néanmoins conscients que le SMPT est un leurre. En effet, on retrouve en note de bas de page du rapport sur les rémunérations de la DGAFP[1] : « *Le concept pertinent pour une comparaison des évolutions salariales est la RMPP. Mais pour le secteur privé, des estimations fiables de l'évolution de la RMPP ne sont plus disponibles pour les années postérieures à 1986.* »

Un salaire moyen public supérieur au privé

Depuis 2006, l'Insee a fait son possible pour intégrer dans son calcul des salaires du secteur privé les chefs d'entreprise salariés et les salariés d'entreprises publiques, type SNCF, EDF, etc., afin de gommer l'avance que prend chaque année le secteur public sur le secteur privé en termes de salaire moyen. Mais on retrouve toujours un net avantage pour le public, avec une moyenne de 2 085 euros nets par mois contre 2 069 euros nets par mois dans le privé en 2008.

---

l'ensemble des salariés et est donc sensible aux modifications de structure de l'emploi salarié (hausse des qualifications ou destruction d'emplois peu qualifiés, modification de la part des temps partiels, effet des "entrées-sorties") », Insee, *Vue d'ensemble. Premier bilan 2009-2010.*

1. DGAFP : Direction générale de l'administration et de la fonction publique.

Un autre message récurrent voudrait que nos fonctionnaires soient nombreux mais aussi mal payés par rapport aux pays comparables. Mais si on regarde du côté du Royaume-Uni, on voit bien que le salaire moyen d'un fonctionnaire anglais est de 2 285 euros brut par mois selon les chiffres du Cabinet Office (contre 2 500 euros brut en France).

Quant au salaire de base d'un fonctionnaire allemand « moyen » d'une quarantaine d'années, selon les informations du ministère fédéral de l'Intérieur, il serait compris entre 2 750 et 3 050 euros brut par mois. Ce qui revient à comparer avec des fonctionnaires français ayant au moins quinze ans d'expérience, soit des fonctionnaires qui doivent toucher en moyenne plus de 3 000 euros brut par mois. Un commandant de police avec vingt ans d'expérience gagnerait environ 3 200 euros brut par mois. Au final, il semblerait que la France ait des fonctionnaires beaucoup plus nombreux mais absolument aussi bien payés que leurs homologues, moins nombreux, des pays comparables à la France.

Et les cadres ?

Les cadres du secteur public arguent être beaucoup plus mal payés que les cadres du privé. En 2006, selon les chiffres de l'Insee traités par la DGAFP, les cadres de la fonction publique d'État, hors enseignants, percevaient en moyenne 42 216 euros net par an. La même année 2006, toujours selon l'Insee, les cadres du secteur privé et les entrepreneurs salariés recevaient 46 260 euros net par an. Les cadres et entrepreneurs salariés du secteur privé gagnent donc effectivement un peu plus en moyenne que leurs homologues du public : de l'ordre de 4 000 euros, soit un mois de salaire, un écart largement exagéré dans les comptes rendus faits par les fonctionnaires.

Mais sont comptabilisés, avec les cadres du privé, les entrepreneurs salariés qui, chaque jour, prennent des risques sur leurs propres deniers voire leur propre domicile pour monter leur entreprise, la développer et créer des emplois. Ajoutons que les retraites de la fonction publique sont beaucoup plus avantageuses que celles du privé, ce qui se traduit par un coût considérable. La cotisation retraite patronale versée par l'État se monte à 55 % du salaire contre 15 % dans le privé. En « salaire complet », ceux des cadres de la fonction publique d'État sont donc d'environ 35 % supérieurs à ceux du privé.

Ce à quoi il faut ajouter que les cadres du privé travaillent en moyenne en France quarante-huit heures par semaine (chiffres Eurostat 2007) quand les seuls chiffres disponibles auprès de l'Insee évoquent trente-six heures en moyenne pour le nombre moyen d'heures effectuées par les salariés à temps complet de la fonction publique… en 2004.

Une situation enviable

Ailleurs en Europe, les salaires des hauts fonctionnaires se dévoilent plus qu'en France. Ainsi, le nouveau Premier ministre, David Cameron, a-t-il publié, dès son arrivée au pouvoir au Royaume-Uni, la liste des noms et rémunérations des 172 fonctionnaires payés plus de 150 000 livres par an, mais aussi les rémunérations de l'ensemble du Cabinet Office et de ses conseillers à partir de 58 200 livres. Le gouvernement espagnol s'est également engagé dans la voie de la transparence, promettant par ailleurs de réduire les rémunérations des membres du gouvernement de 15 %. Mais, en France, à l'heure où l'on évoque sans cesse le salaire, les primes, les retraites chapeaux et les parachutes dorés des patrons du Cac 40, ou les commissions des traders, on en vient à oublier le public.

C'est ainsi qu'on sait à peu près qu'un inspecteur des Finances débute à 3 700 euros par mois et qu'avec l'ancienneté et les primes qui doublent son traitement, il dépasse largement les 100 000 euros brut par an quand il est inspecteur général. Ce n'est pas un traitement extraordinaire lorsqu'on le compare avec celui d'un P-DG de grande entreprise privée, mais c'est une planche de salut inconnue du secteur privé, qui permet de partir dans d'autres postes, très lucratifs, et de revenir en cas de malheur. C'est d'ailleurs ce qui fait la très grande attraction des « grands corps » dont il est connu qu'on en sort et y rentre avec grande facilité, au point qu'à peine 33 % des inspecteurs des Finances en exercice travaillent réellement à l'inspection. En effet, sur un corps théorique de 260 membres, seuls 85 sont « en activité » à l'inspection générale des Finances (IGF).

Quant aux directeurs de cabinet des ministres, leur salaire est d'environ 11 000 à 15 000 euros par mois, soit au moins 132 000 euros brut par an. Les administrations des deux Chambres ne sont pas mal loties non plus. Le rapport d'audit de la Cour des comptes sur l'Assemblée nationale, qui a filtré en 2008, révélait que les vingt-quatre fonctionnaires les mieux payés touchaient une rémunération annuelle brute de 213 000 euros en moyenne et que l'ensemble des fonctionnaires de l'Assemblée bénéficiaient de rémunérations de 75 % à 150 % supérieures à celles de leurs collègues de la fonction publique d'État. Celles des fonctionnaires de l'Assemblée représentent d'ailleurs 25 % du budget total, bien plus qu'à la Chambre des communes britannique (15 %) et qu'au Bundestag allemand (12 %).

La chambre régionale des comptes a aussi pointé dernièrement la gestion de la mairie de Paris, jugeant certains salaires exagérés. Une prime départementale allant jusqu'à 40 000 euros par an, « *limitée à quelques centaines de bénéficiaires de la plus haute catégorie (catégorie A) au début des années 1990, [...] a été versée à plus de 7 100 agents en 2008* ». Surtout, la chambre régionale des comptes relève, depuis 2002, des « *irrégularités dans les créations d'emploi et les recrutements* », ainsi que le coût salarial des vingt directeurs généraux les mieux rémunérés, qui auraient atteint, selon elle… 248 000 euros en moyenne en 2008.

Des places en or massif

Les autorités administratives indépendantes pourraient détenir la palme des meilleurs salaires. Ce sont d'ailleurs des repaires de hauts fonctionnaires attirés par des conditions salariales très alléchantes. Ces autorités sont des « *organismes administratifs qui agissent au nom de l'État et disposent d'un réel pouvoir, sans pour autant relever de l'autorité du gouvernement* ». Ces dernières années, leur nombre n'a cessé d'augmenter, assurant des places de choix bien payées à de hauts fonctionnaires ou à d'anciens collaborateurs remerciés. Voici quelques exemples non exhaustifs.

L'Autorité de la concurrence du secteur ferroviaire (Araf), nouvellement créée, devrait ainsi avoir un patron rémunéré 150 000 euros par an. L'agence Hadopi, quant à elle, sera dirigée par son secrétaire général, pour un montant brut annuel de 180 000 euros maximum. Pour fixer le montant de cette rémunération, il a été considéré que le rôle du secrétaire général va bien au-delà de celui d'un directeur d'administration centrale. À l'AMF (Autorité des marchés financiers), le président, un inspecteur général des Finances, percevait 300 000 euros brut par an, comme il l'a révélé lui-même au *Monde*[1]. Mais il vient, fait exceptionnel, de

1. *Le Monde*, 12 juin 2010.

demander qu'il soit baissé de 30 %. À la Halde, la Haute Autorité de lutte contre les discriminations, le directeur perçoit 132 229 euros par an. De son côté, le président de l'Arcep (Autorité de régulation des communications électroniques et des postes), le conseiller d'État Jean-Ludovic Silicani, a fait « réajuster » sa rémunération. Celle-ci n'était que de 82 326 euros, plus une indemnité de fonction de 55 307 euros. Le 13 juin 2010, un décret a porté son indemnité de fonction annuelle à 100 500 euros, soit un revenu de 182 826 euros.

Cette nouvelle rémunération de l'Arcep serait alignée sur celle du président du CSA (Conseil supérieur de l'audiovisuel), le conseiller d'État Michel Boyon. À l'Institut du monde arabe, le traitement mensuel du président, Dominique Baudis, a été revalorisé de quelque 6 000 euros à désormais 10 000 euros par mois pour être plus proche de celui qu'il touchait au CSA. Chez le Défenseur des enfants, les rémunérations grimpent vite également : le poste de secrétaire général, changé en délégué général, est passé de 86 208 euros à 107 000 euros puis à 131 000 euros : c'est-à-dire une augmentation de 43 % entre 2005 et 2009. Mais ce n'est pas tout : le président de la Commission de régulation de l'énergie émarge à 194 702 euros par an, le Médiateur de la République à 139 842 euros.

Ce qui est intéressant dans ces chiffres, c'est que non seulement ces montants sont très élevés, mais surtout qu'ils sont supérieurs à ce que gagnent bien des cadres et dirigeants de PME françaises. Par ailleurs, les personnalités qui les occupent les cumulent le plus souvent avec d'autres revenus d'origine publique (retraite de parlementaire, du Conseil d'État...).

Autre avantage substantiel : les logements de fonction. Là encore, rien n'est contrôlé et des situations peuvent être ubuesques, tels ces appartements détenus par l'Assistance publique-Hôpitaux de Paris qui se transmettent de génération en génération... Ou ces appartements à loyers modérés occupés par des directeurs de cabinet voire des ministres. Mais ces pratiques qui, de temps en temps, arrivent aux oreilles des Français, à l'instar des mésaventures du directeur de cabinet de Christine Boutin, sont monnaie courante dans l'ensemble de la fonction publique.

Au sujet de ces logements détenus par l'État, la dernière étude disponible date de 2003. Elle a été réalisée par l'inspection générale des Finances et donne le tournis : les logements de fonction concerneraient 137 520 bénéficiaires. Les vrais « privilégiés » occupant ces logements de fonction sont ceux qui y sont logés pour nécessité absolue de service (NAS). Ils étaient 127 411 en 2003 logés à titre totalement gracieux. Ils représentent, en théorie, *« les agents qui sont tenus, pour l'accomplissement de leur mission, à une présence constante, de jour comme de nuit, sur les lieux mêmes de leur travail et qui assurent une responsabilité majeure dans la marche du service »*.

L'avantage en nature que représentent ces occupations est d'environ 10 000 euros par an et par agent (oscillant entre 6 000 et 15 000 euros). Doivent également y être ajoutés les avantages en nature constitués par les « *franchises accordées sur le montant des charges locatives* » (prises en charge des dépenses d'eau, d'électricité et de chauffage), celles-ci pouvant atteindre 2 000 euros. Viennent ensuite les titulaires de concessions pour utilité de service pour les personnels dans la situation où, « *sans être absolument nécessaire à l'exercice de la fonction, le logement présente un intérêt certain pour la bonne marche du service* ». Les bénéficiaires de ces dispositifs sont moins nombreux : environ 9 109 agents. Ils doivent théoriquement payer une redevance pour l'occupation de leurs locaux. En réalité, cette redevance est largement déconnectée du prix du marché. L'avantage en nature ainsi constitué se chiffre, quant à lui, à environ 45,5 millions d'euros. Des avantages en nature non imposables, contrairement à ceux dont peuvent jouir les salariés du secteur privé.

Des retraites prospères

Après la rémunération et le logement, les retraites constituent également un privilège appréciable. Alors qu'elle est calculée sur le salaire des six derniers mois, les cotisations sont prélevées tout au long de la carrière, soit l'équivalent du salaire moyen de la carrière. Or l'écart entre le salaire moyen et le dernier salaire étant très important (moyenne de 30 %, variable selon la carrière du fonctionnaire), ce différentiel représente une retraite « gratuite » qui n'existe nulle part ailleurs.

Dans le secteur privé, les vingt-cinq meilleures années sur lesquelles sont calculées les retraites représentent une part significative de la carrière et incluent souvent des années de salaires assez faibles, surtout pour les vies professionnelles incomplètes. Avant d'en calculer la moyenne pour décider du montant de la retraite, ces « anciens » salaires sont réévalués en fonction de l'inflation (entre le moment où ils ont été perçus et la date de départ à la retraite). Dans la fonction publique, au contraire, les six derniers mois sur lesquels sont calculées les retraites couvrent toujours la période de salaire maximum des intéressés.

Autre avantage : dans le secteur public, la réversion au conjoint survivant est automatique, alors que dans le privé elle est soumise aux conditions de ressources du survivant. Ainsi, en moyenne, celui-ci ne perçoit pas de réversion si ses ressources propres sont de plus de 1 535 euros par mois. Cette contrainte, qui n'était pas très sévère quand les femmes étaient peu diplômées et ne faisaient pas de carrières complètes, devient très pénalisante à l'heure actuelle. À titre d'exemple, si cette règle était appliquée aux couples de fonctionnaires ayant fait une carrière complète à plein temps, pratiquement aucun ne percevrait de retraite de réversion.

Contrairement à une opinion répandue, les fonctionnaires perçoivent par ailleurs des primes assez élevées, représentant 20 % de leur salaire en moyenne, et beaucoup plus pour l'encadrement supérieur. Leur faible visibilité vient sans doute du fait que ces primes sont largement systématiques. La prise en compte des primes dans le calcul de leur retraite a toujours constitué une forte revendication de la part des corps de la fonction publique qui perçoivent des primes élevées. Mais pour pouvoir les prendre en compte, encore faudrait-il que les agents publics acceptent de cotiser sur ces primes. Ce qui n'est pas le cas.

Quant au niveau des retraites, il avantage, là encore, les fonctionnaires. D'après le septième rapport du Conseil d'orientation des retraites (Cor), en 2004, les retraités des régimes spéciaux percevaient en moyenne 1 689 euros par mois contre 1 065 euros pour ceux du secteur privé (retraite de droit propre, avantage principal, hors majoration familiale, âgés de soixante ans et plus).

La redistribution sociale entre le monde opaque du public et celui du privé reste donc à accomplir.

6.

Les nouvelles charges héréditaires

« La refonte de la machine administrative française, qui s'imposait dès avant les événements de 1940, a tardé. Elle est devenue impérieuse », affirmait un récent rapport sur le recrutement dans l'État. Le recrutement par concours pose en effet aujourd'hui de nombreux problèmes. L'un d'eux est l'existence d'une élite de fonctionnaires, d'ailleurs le plus souvent tout à fait assumée. François Bloch-Lainé, directeur du Trésor dans les années 1950, inspecteur des Finances puis président du Crédit lyonnais, le disait fort bien : « *L'existence des aristocraties est normale*[1]. »

Une machine aveugle

Le signe d'appartenance à la caste est clairement le concours : « *Les concours de la fonction publique de*

1. Sous la présidence de Yves-Thibault de Silguy, « Moderniser l'État : le cas de l'ENA », Rapport au ministre de la Fonction publique, de la Réforme de l'État et de l'Aménagement du territoire, avril 2003.

l'État (ce n'est pas vrai pour la territoriale) sont des machines à sélectionner des candidats sans objectif précis en termes d'emplois à pourvoir, plutôt que des actes de recrutement visant à satisfaire à un emploi clairement défini[1]. »

Chaque année, les jurés de concours se plaignent du nombre de candidats peu motivés qui se présentent. Le but des concepteurs des sujets va donc être de les écrémer. Partant du principe qu'ils sont tous doués pour le métier pour lequel ils passent le concours, le jury va donc les sélectionner… sur le reste. Avec des surprises à la clé. Ces concours sont généralement conçus comme des dispositifs à double détente : des épreuves écrites d'admissibilité avec une épreuve de culture générale, une note de synthèse et différentes options de droit, d'histoire, de géographie, de mathématiques, puis des épreuves d'admission qui comprennent un « entretien » sous différents intitulés, parfois des épreuves de langue et certaines épreuves écrites ou orales obligatoires ou optionnelles.

Ce système ne prend en compte que les connaissances livresques et néglige souvent la motivation et l'adaptation au poste. « *Les premières victimes de l'organisation actuelle, ce sont les fonctionnaires. Innombrables sont ceux qui m'ont dit : À quoi ça sert qu'on se donne du mal, on a l'impression que tout le monde s'en moque ! Et la qualité de vie d'un fonctionnaire, ça compte aussi. C'est tout ce que nous engageons […] sur la mobilité, sur la*

1. Sous la direction de Corinne Desforges, « Rapport de la mission préparatoire au réexamen général des concours d'accès à la fonction publique d'État », février 2008.

reconnaissance du mérite, sur la valorisation de l'expérience, sur la possibilité pour quelqu'un d'assumer sa promotion professionnelle sans passer un concours ou faire réciter par cœur La Princesse de Clèves *! Ça compte aussi dans la qualité de vie d'un fonctionnaire...* », déclarait Nicolas Sarkozy le 4 avril 2008. Cette intervention devait lui attirer la haine des professeurs de lettres et d'une bonne partie des fonctionnaires qui feront par la suite de *La Princesse de Clèves* leur héroïne, allant jusqu'à organiser des manifestations en faveur de Madame de La Fayette. Un pilier du classicisme est ainsi devenu l'un des symboles ardents de la contre-culture.

La politique actuelle des recrutements dans la fonction publique pousse par ailleurs à l'excès de diplômes, ce qui engendre nombre de frustrations, ou à la cooptation, à l'encontre du principe de l'« égalitarisme républicain ».

Le rapport Desforges, dédié d'ailleurs à Mme de La Fayette et à *La Princesse de Clèves,* souligne ainsi que « *les concours se présentent généralement sous une forme très académique : ils visent à sélectionner des candidats en fonction des seules connaissances acquises sans trop se soucier de leurs compétences et de leurs aptitudes à exercer un métier particulier. Au premier rang de ceux-ci figurent les concours d'accès aux fonctions d'administration générale (administrateurs, attachés, secrétaires administratifs, adjoints administratifs) ou d'administration spécialisée (trésor, impôts, travail, culture et sécurité)* ».

L'étape du recrutement, par concours en général, semble particulièrement inadaptée. Ainsi, Sandrine Botteau, pour le magazine *Carrières publiques* de juin 2009, remarque : « *Le système de concours dans sa forme la plus répandue (épreuves écrites générales et/ou techniques, épreuves orales dont un entretien avec le jury) a mal vieilli : multiplicité inutile des épreuves de sélection, part faite à la culture générale au détriment de la reconnaissance des parcours professionnels et ce, malgré quelques avancées récentes obtenues grâce au droit communautaire.* »

On en arrive à un paradoxe : les étudiants choisissent les études universitaires qui leur permettront de présenter un concours de la fonction publique, sans que cette formation les prépare effectivement à leur futur métier. C'est ce qu'indique en tout cas un rapport de la Cour des comptes de 2006 : « *Le mode de recrutement de la fonction publique de l'État est donc très éloigné de celui du secteur privé : c'est le candidat, en fonction de son classement au mérite, qui choisit son affectation après concours ou après école, parfois sans lien direct avec sa formation.* » On peut légitimement se demander ce que, mise à part l'ouverture d'esprit, peuvent apporter au service public, et donc aux consommateurs des services publics, de tels profils manifestement plus à l'aise devant un jury que face à leurs futures fonctions. Il s'agit surtout de reproduire d'une manière détournée, année après année, les mêmes candidats qui sauront sagement réciter devant le jury et avec conviction des textes formant un répertoire bien connu. Une véritable comédie.

Rester entre soi

Ce ne sont surtout pas des rebelles ou innovateurs qui sont recherchés, mais des suiveurs qui agiront à la manière de leurs aînés, en reproduisant leurs choix, sans tenter de réformer.

Si les concours sont soi-disant ouverts à tous, il faut en fait avoir un bon réseau dans la fonction publique pour trouver l'information, ne serait-ce que celle des dates du concours et de ses modalités. Existe-t-il un site Internet regroupant, pour en informer tous les citoyens, la liste des concours de la fonction publique ? Non. Inutile de le chercher, il n'existe pas. Le rapport de Corinne Desforges souligne même : « *La déficience de l'information, notamment dans son côté pratique et l'absence fréquente d'articulation avec les métiers, ne donne pas une image attractive de l'administration et favorise ceux qui "savent" au détriment de ceux qui "pourraient".* » Résultat : les enfants de fonctionnaires sont en surnombre dans la fonction publique.

Un rapport de l'inspection générale de l'Administration[1] de 2008 souligne ainsi la nette « *surreprésentation, dans l'administration de l'État, des enfants de fonctionnaires* ». Les enfants de fonctionnaires, selon le rapport, « *représentent 26,2 % des agents de la fonction publique (et 32,5 % des cadres), alors qu'ils ne représentent que 17,8 % des personnes ayant un emploi âgées*

1. Corinne Desforges et Jean-Guy de Chalvron, « Rapport de la mission préparatoire au réexamen général des concours d'accès à la fonction publique d'État ».

de 18 à 65 ans » et le phénomène serait cumulatif puisque « *41 % des enfants dont le père et la mère sont agents de la fonction publique sont eux-mêmes fonctionnaires* ». Par ailleurs, au concours externe des IRA (Institut régional d'administration), en 2006, « *les enfants de fonctionnaires constituent le groupe le plus important des admis (41,1 %)* ».

C'est aussi ce que la promotion de l'ENA Léopold-Senghor avait mis en évidence : « *Si les enfants d'énarques constituent à peu près 0,01 % d'une classe d'âge, ils représentent 4,4 % du total des élèves de la promotion, et occupent 27,7 % des postes offerts dans les grands corps. Au final, 83 % d'entre eux sont sortis dans la "botte", contre 10,6 % de leurs camarades. Cette première analyse est certes partielle et gagnerait à être complétée par un examen des résultats des élèves dont les parents appartiennent aux catégories socioprofessionnelles supérieures*[1]. »

Par ailleurs, le secteur public, qui se permet souvent de donner des leçons au secteur privé sur le sujet des discriminations à l'embauche, est loin d'être irréprochable. Le même rapport soulignait en effet (tout en regrettant un manque crucial de statistiques) : « *Globalement, 6 % seulement des agents du secteur public ont un ou deux parents immigrés alors que leur part dans l'ensemble de la population active est de 7,7 % (écart de 22 %).* » La caste des fonctionnaires s'est donc progressivement fermée aux nouveaux venus, en toute discrétion mais avec beaucoup d'efficacité.

---

1. Promotion Léopold-Senghor, « Rapport sur la scolarité », p. 16.

L'école de la frustration

Le concours est aussi un système qui engendre une certaine frustration chez les agents. Alors que le niveau de diplôme minimum pour concourir devrait permettre de rationaliser le recrutement en évitant les candidatures fantaisistes, les jurys des concours semblent les avoir très souvent privilégiées. C'est ainsi qu'on se retrouve avec des profils particulièrement inadaptés et souvent surdiplômés : « Titulaire d'une maîtrise de gestion cherche emploi d'agent administratif », « Bac professionnel cherche poste d'agent d'accueil », « Ingénieur informaticien cherche poste d'opérateur de saisie d'information »... Dans les entreprises, sauf cas exceptionnels, ces candidatures sont éliminées. Dans la fonction publique, on semble les favoriser.

Les 647 pages du rapport annuel de la Direction générale de l'administration et de la fonction publique (DGAFP) constituent d'ailleurs une somme remarquable de ces candidatures atypiques si on les compare au privé : nombre de fonctionnaires, âge, ancienneté, salaire, retraite, niveau d'études, répartition géographique, distribution par catégorie et bien d'autres aspects. Un des tableaux les plus étonnants décrit l'écart entre le niveau d'études requis et celui auquel les nouveaux fonctionnaires sont embauchés. Le comble étant d'embaucher des bac + 4 et bac + 5 pour satisfaire 12 % des postes de la catégorie C située tout en bas de l'échelle de la fonction publique, alors que seul un diplôme de type CAP, BEP voire brevet est requis pour ces postes.

Ce système pénalise en priorité les fonctionnaires dont la formation correspond bien au niveau requis par le poste. La fonction publique devrait pourtant être propice à la formation permanente et à une évolution de carrière des éléments les plus dynamiques, même si leur bagage initial est léger. En pratique, tout au long de leur carrière, ceux-ci sont « barrés » par leurs collègues surdiplômés et n'évoluent qu'à l'ancienneté. Ce problème est bien connu dans la haute fonction publique où les postes les plus prestigieux sont réservés aux élèves de l'ENA et d'autres écoles ouvrant directement la porte des grands corps. Mais le mal existe à tous les échelons de la fonction publique. Cette situation est particulièrement injuste et démotivante pour ceux qui ont été recrutés au niveau « normal ». La suppression du classement de sortie est envisagée mais rencontre une telle hostilité qu'il est douteux qu'elle soit jamais mise en application. La raison officielle ? La peur que le népotisme vienne remplacer la si juste méritocratie qui cantonne certains énarques à demeurer dans l'ombre toute leur vie durant pour une mauvaise note reçue à vingt-cinq ans.

La performance de la fonction publique française est ainsi handicapée par le recrutement de trop de fonctionnaires inadaptés à leurs postes. Ainsi, le rapport 2008-2009 sur la fonction publique souligne que, « *dans le secteur hospitalier public comme dans la fonction publique de l'État, 45 % des salariés estiment manquer de compétences pour faire leur travail.*

[...] À l'inverse, 50 % des salariés de la fonction publique de l'État et 45 % du secteur hospitalier déclarent que certaines de leurs compétences ne sont pas utilisées. Ces résultats sont vraisemblablement liés au phénomène des agents surdiplômés ».

Outre-Manche, les recrutements dans le secteur public sont beaucoup plus décentralisés, ce qui permet une adaptation plus fine des recrutements aux besoins réels. Les administrations britanniques recourent en outre à toutes les techniques de sélection qu'utilisent les employeurs du secteur privé : tests, entretiens, mises en situation, voire services spécialisés d'agences de recrutement ou de chasseurs de têtes. C'est le cas par exemple du *Fast stream*, un concours de recrutement destiné à sélectionner les hauts fonctionnaires, qui propose des pré-tests en ligne, des mises en situation et des tests psychotechniques. Ces tests ont le mérite d'être plus ouverts mais aussi plus sélectifs (un admis sur soixante-quinze), tout en permettant de recruter des agents mieux à même de faire face à leurs fonctions réelles. Ce cursus britannique, qui s'étale sur plusieurs mois, permet de tester sur la durée la motivation du candidat.

En France, des entretiens de motivation viennent seulement d'être intégrés aux concours. Ils risquent cependant de devenir de seconds tests de culture générale, comme c'est le cas pour le concours de conservateur de bibliothèque, dont l'entretien de motivation commence par... un commentaire de texte, hors contexte des bibliothèques. Un comble, ou au moins une perte de temps, pour évaluer la volonté du candidat de faire carrière dans les bibliothèques.

La première affectation s'effectue parfois en dépit du bon sens. Comme le rappelle une ancienne gestionnaire comptable dans un collège : « *Les postes les moins attractifs sont toujours confiés à des sortants de concours, quelle que soit leur difficulté intrinsèque, ce qui entraîne un turnover préjudiciable à la qualité du service, car ces jeunes professeurs souhaitent alors partir le plus vite possible de ces postes à difficultés. De plus, comment peut-on expliquer que ce sont à ceux qui sortent seulement du concours et qui n'ont donc pas encore d'expérience que l'on assigne les postes les plus difficiles ? Aurait-on idée de donner à un médecin débutant la responsabilité d'un service de neurochirurgie ? Aurait-on idée de donner à un étudiant sortant d'une école de commerce la responsabilité de la politique de la banque centrale*[1] ? »

À chaque administration, son moule

La liste est longue de ces écoles destinées à formater nos fonctionnaires. L'État dépense ainsi chaque année environ deux milliards d'euros pour la formation initiale ou continue de ses fonctionnaires. Mieux, l'État s'est doté d'écoles permettant à ses fonctionnaires de préparer d'autres concours de la fonction publique, dans l'espoir d'une augmentation ou d'un changement de poste. Une usine à gaz destinée à entretenir la flamme du service

1. Interview à *Liberté chérie* en 2004.

public tout au long d'une carrière et à inciter régulièrement les agents à faire preuve de performance, non dans leur travail, mais dans les concours. Ainsi, le ministère du Budget dispose de neuf écoles, le ministère des Finances de six écoles et le ministère de l'Agriculture, de huit écoles.

Ce n'est pas tout. D'autres organismes sont rattachés à ces ministères, comme le récent Institut de la gestion publique et du développement économique (IGPDE), rattaché au ministère des Finances, qui compte plus de deux cents collaborateurs et dispose d'un budget d'environ vingt-cinq millions d'euros. Situé à Vincennes, il dispose d'importants moyens matériels pour ses enseignements, avec une cinquantaine de salles de cours. L'IGPDE, selon le rapport 2007 du jury de concours de l'ENA, « *occupe une place déterminante dans la réussite au concours interne [...] de l'ENA* », puisque 65 % des candidats entrés à l'ENA par cette voie avaient bénéficié de cette formation aux tarifs très avantageux. *Last but not least,* cet Institut prépare même au concours permettant d'accéder à la préparation au concours de l'ENA ! Un système qui aboutit à une incroyable spirale de concours, détournant les agents de leur poste, tout en restant rémunérés, pour l'accès à un grade supérieur après un an ou deux de préparation – ou plus.

L'École nationale des impôts est aussi connue par exemple pour engendrer une profession au caractère endogamique. Les Impôts sont pour la plupart leur seul horizon, au point même que les agents multiplient les forums de dialogue et de rencontre sur des sites dédiés ou via l'intranet. Étonnamment, malgré la prétendue fusion des écoles du Trésor et des Impôts dans l'École nationale des finances publiques (Enfip), les deux filières de formation sont toutefois maintenues dans deux établissements géographiquement distincts. Les personnels du Trésor sont formés à Noisiel, Lyon et Noisy-le-Grand, et ceux des Impôts à Clermont et Noisy-le-Grand.

L'École nationale de la magistrature est, quant à elle, connue pour un recrutement peu éclectique. Ainsi, la réforme de 2008 tendait ouvertement à « *l'ouvrir sur la société et sur le monde* ». Il était temps...

Quant à l'École normale supérieure, elle a été créée en 1794 pour « *des citoyens déjà instruits dans les sciences utiles, pour apprendre, sous les professeurs les plus habiles dans tous les genres, l'art d'enseigner* ». L'ENS accueille, sur ses trois sites parisiens, plus de 2 300 élèves et étudiants, dont 910 normaliens ayant le statut de fonctionnaire stagiaire et quelques centaines d'étudiants. Pour les élèves fonctionnaires, la scolarité est gratuite. Les lauréats européens acquièrent le statut de fonctionnaire stagiaire et sont rémunérés pendant quatre ans (environ 1 250 euros net). Ils sont censés devenir l'élite des professeurs de collèges et de lycées. En pratique, ils fuient souvent ces postes pour d'autres plus prestigieux.

La logique clanique perdure jusqu'à la fin de la vie professionnelle. Ainsi, l'Institut de France et ses cinq académies se flattent de regrouper en leurs murs un grand nombre de normaliens. Et pour cause : on ne devient pas académicien (seulement) à cause de ses mérites, mais surtout parce qu'on a un bon réseau et de longues accointances avec les Immortels.

Dans les hôpitaux aussi, le lobby public s'est façonné ses filières d'accès. La procédure normale pour accéder au poste de directeur d'hôpital est ainsi de suivre les cours de l'École des hautes études de santé publique à Rennes (EHESP). Sorte d'ENA de second rang pour la santé, on y entre sur concours – interne pour les candidats déjà fonctionnaires, externe pour les autres. Une troisième voie – le tour extérieur – dispense du concours et permet d'accéder à l'une des trois classes et l'un des vingt-trois échelons de la hiérarchie des directeurs d'hôpital. Pour protéger le quasi monopole de l'EHESP, ce tour extérieur est strictement réservé aux fonctionnaires et sévèrement limité par certaines contraintes. À la sortie, les étudiants ayant réussi leur examen choisissent parmi les postes de troisième classe disponibles, en fonction de leur classement, sans tenir compte des besoins et des souhaits des établissements recruteurs.

Le moule suprême

Et enfin, l'ENA, École nationale d'administration, souvent décriée – avec raison. Un des exercices les plus prisés du cursus est de faire une note sur dossier avec des pièces datant de deux ou trois ans et de refaire le cheminement de pensée qu'ont fait avant eux leurs prédécesseurs énarques pour aboutir à la même solution ! Le clonage dans sa plus pure expression.

L'école cristallise souvent les critiques, et pour cause : un jeune de vingt-cinq ans sortant de cette formation peut se retrouver à un niveau de revenus et à des responsabilités qu'un autre agent, même beaucoup plus aguerri que lui, ne pourra jamais atteindre. Ce qui a fait dire à Nicolas Sarkozy, en 2008 : « *Ce qui est choquant, c'est le fait qu'un concours passé à vingt-cinq ans oriente toute une vie professionnelle*[1]. » Alexis de Tocqueville semble lui faire écho quand il écrit : « *Le despotisme administratif est le seul qu'aient à craindre les démocraties.* »

Depuis soixante ans, l'ENA a formé plus de 5 600 hauts fonctionnaires français et plus de 2 500 étrangers. Le coût total de la scolarité par élève s'élève à 56 303 euros, soit environ 25 000 euros par an (chiffres 2006). À titre de comparaison, le coût moyen annuel d'un étudiant dans l'enseignement supérieur est estimé à 9 280 euros. Mais ce n'est pas tout : la scolarité est gratuite pour les élèves de l'ENA qui, en tant que « fonctionnaires stagiaires », perçoivent un traitement de 1 370 euros net pour ceux qui viennent du concours externe, 2 100 euros pour ceux qui ont passé le concours interne ou ce qu'on appelle le troisième concours (candidats justifiant d'une expérience dans l'exercice d'une activité professionnelle, d'un mandat d'élu local ou d'une activité associative).

1. « Le classement de sortie de l'ENA sur la sellette », *Le Nouvel Observateur*, 24 septembre 2008.

Ajoutons à ces avantages le fait que le recrutement de ces élèves est rien moins qu'inégalitaire : selon le rapport Silguy de 2003 sur la modernisation de l'ENA, « *les enfants d'ouvriers ou d'agriculteurs sont quasi absents des listes des reçus aux concours. À l'inverse, les enfants de cadres supérieurs – en particulier du corps médical – et des professions intellectuelles – notamment des enseignants du supérieur – sont surreprésentés par rapport à leur poids relatif dans la population française*[1] ».

En outre, si le concours est en théorie gratuit, les candidats ont déjà fait en pratique cinq ans d'études supérieures, et une ou deux années de classe préparatoire au concours, ou « prép'ENA », dont Sciences-Po Paris, qui a le meilleur taux de réussite au concours (77,5 % des élèves reçus au concours externe en 2008[2]). Or ces études, de longue durée et assez intensives, se paient, et pas seulement avec des bourses de l'État : le soutien financier de la famille est important.

À ces discriminations, le jury de l'ENA répond, pince-sans-rire : « *Il est apparu [...] qu'il serait à la fois injuste et injustifié de pénaliser ceux qui avaient pu puiser une vocation – à la condition qu'elle soit authentique – dans leur environnement familial. Qu'en particulier des enfants de fonctionnaires soient enclins à choisir la même nature d'activité professionnelle que leurs parents n'a en rien semblé pouvoir être porté à leur débit. La transmission de valeurs et d'aspirations est un phénomène qui n'est pas*

1. Yves-Thibault de Silguy, « Moderniser l'État : le cas de l'ENA », *op. cit.*

2. « Rapport du jury du concours de l'ENA », session 2008.

propre à la fonction publique, et qui n'a rien que de très naturel[1]. »

L'enfer est pavé de bonnes intentions, dit-on, mais le jury de l'ENA semble bien décidé à favoriser l'ascension de ces jeunes, dont le plus grand mérite est d'avoir acquis dès le berceau le goût de l'État ! Quant à ceux qui accuseraient cette école d'élitisme, sa réponse est toute prête : ce manque de diversité « *révèle, d'ailleurs, davantage l'échec de l'ensemble du système éducatif à favoriser la promotion sociale, plutôt qu'elle ne stigmatise un travers particulier de l'ENA* ».

Tout n'est pas perdu : les anciens élèves de l'école ont le sens de l'humour.

1. « Rapport du jury du concours de l'ENA », session 2009.

7.

L'invasion des prédateurs de postes

Un député, qui avait fait plus de quinze ans de mandat, revient dans un grand corps de l'État quitté presque vingt ans plus tôt. On lui demande de produire des rapports. L'ancien député s'indigne : « *Comment peut-on me demander, après les responsabilités politiques que j'ai eues, de produire des rapports comme un fonctionnaire de base ?* »

Les fonctionnaires sont, en effet, plus nombreux en politique que leurs homologues du privé, par rapport à leur poids réel dans la société française. Il y a une bonne raison à cela : ils bénéficient d'un système particulièrement avantageux leur assurant un retour au poste qu'ils occupaient auparavant, si leur carrière politique tourne court.

Résultat, comme le confirme Pascal Perrineau, directeur du Cevipof, le Centre de recherches politiques de Sciences-Po, les agents publics ont envahi toutes les strates des fonctions électives : « *Une étude sur le profil des maires, menée par la direction générale des collectivités locales après les élections municipales de 2008, montre que le nouveau maire type est un jeune retraité souvent issu de la fonction publique. [...] L'archétype du maire rural qui était jusqu'ici l'agriculteur de centre-droit [...] évolue au bénéfice du retraité de la fonction publique, davantage à gauche.* »

La passion de la politique !

Les agents publics aiment les électeurs. C'est ce qui ressort de quelques statistiques sur la proportion de fonctionnaires parmi nos élus. Ainsi, d'après Jacques Marseille, 51,3 % des députés sortants en 2007 étaient fonctionnaires ou payés sur fonds publics, alors que cette catégorie ne représente que 20 % de la population active française. Dans la dernière législature (2002-2007), les fonctionnaires et assimilés représentaient 72 % des élus du PS, 67 % de ceux de la défunte UDF, 59 % des élus du PC et « seulement » 42 % des élus de l'UMP.

De nos jours, le Parlement ne reflète donc pas la diversité sociologique française, encore moins sociale ou économique. Alors que les salariés et les chefs d'entreprise du secteur privé représentent 70 % de la population active occupée, ils ne comptent que pour 25 % parmi les parlementaires (20 % au Sénat ; 30 % à l'Assemblée). A contrario, les fonctionnaires sont surreprésentés : entre 1997 et 2002, ils formaient près de la moitié de l'hémicycle de l'Assemblée (46 %). Ils sont aujourd'hui un peu plus nombreux encore (49 %).

Dans les collectivités territoriales, pourtant réputées plus proches du citoyen, la même surreprésentation est de mise. Les présidents de région sont à 61,5 % issus de la fonction publique, 48 % des présidents des conseils généraux sont fonctionnaires ou l'ont été.

Il faut dire que, pour eux, faire de la politique est très facile voire encouragé. Le détachement de la fonction publique est ainsi accordé de plein droit et sur demande de l'impétrant pour exercer des fonctions dans un gouvernement ou un mandat à l'Assemblée nationale, au Sénat, au Parlement européen, ou encore un mandat local ou syndical. Rien de comparable n'existe pour un élu venant du privé.

Certaines fonctions sont tout de même incompatibles avec un mandat parlementaire. C'est le cas, par exemple, des postes de direction dans des entreprises nationales ou des établissements publics nationaux, c'est-à-dire des organismes dépendant étroitement de la puissance publique.

C'est la raison pour laquelle certains patrons du privé renoncent à la politique. Ainsi, en mars 2004, Philippe Briand est nommé secrétaire d'État en charge de l'Aménagement du territoire au sein du gouvernement Raffarin. Quinze jours plus tard, il démissionne, refusant de quitter Cytia immobilier, un groupe d'agences qu'il a fondé et dont il est propriétaire. De plus, il est assujetti à l'impôt sur la fortune et ne peut plus être rémunéré par sa société tant qu'il est ministre... Il choisit donc de rester à la tête de son entreprise.

De la politisation des agents

Cette situation française représente plus l'exception que la règle dans les démocraties. Les fonctionnaires ont toutes les facilités pour s'investir en politique alors que les obstacles ne manquent pas pour les salariés du privé. La situation, à l'étranger, est bien différente.

La France, sur ce sujet, est particulièrement incitative : la loi précise que *« la carrière des fonctionnaires candidats à un mandat électif ou élus ne peut en aucune manière être affectée par les votes ou les opinions émis par les intéressés au cours de leur campagne électorale ou de leur mandat »*. La loi dispose aussi que, *« sans préjudice des dispositions plus favorables qui leur seraient appliquées (elles le sont généralement), les fonctionnaires occupant des fonctions électives bénéficient des garanties accordées aux titulaires de mandats locaux »*. Cependant, il existe quelques restrictions. Les préfets, directeurs des services déconcentrés, magistrats, officiers de l'armée française, commissaires de police... ne peuvent être élus au Parlement, encore moins à une assemblée locale dans la circonscription où ils exercent ou ont exercé depuis moins de six mois. Au même titre que les fonctionnaires territoriaux occupant un poste de directeur général, directeur général adjoint, directeur, chef de service, chef de bureau ; par ailleurs, un agent d'une administration locale ne peut prétendre siéger dans la collectivité qui le rémunère.

Hormis ces exceptions, voilà donc un statut fort généreux, qui autorise ou même encourage à entrer en politique. À tel point qu'on a pu se demander si l'École nationale d'administration ne formait pas plus de parlementaires que de grands commis de l'État. Quant aux assemblées locales, elles font une large place aux représentants de l'administration et de l'Éducation nationale en particulier.

Contrairement à ce qui se passe en France, au Royaume-Uni et en Allemagne, les restrictions sont d'autant plus fortes que les responsabilités sont plus importantes. Les cadres supérieurs ne peuvent pas participer aux activités politiques nationales : s'ils briguent un mandat et sont élus, ils doivent démissionner de la fonction publique. Les employés peuvent y être autorisés, seuls les agents de rang inférieur et les ouvriers ne subissent pratiquement pas de restrictions. Dans certains pays, l'interdiction de participer à la vie politique concerne l'ensemble des agents publics. Aux États-Unis, depuis le *Hatch Act* de 1939, un haut fonctionnaire américain qui souhaite se présenter à un mandat électif ou se livrer à une activité partisane doit, au préalable, démissionner.

Une confusion évidente entre politique et public

La confusion entre haute fonction publique et politique devient évidente. On assiste progressivement à une fonctionnarisation de la politique et, parallèlement, à une dépolitisation de la caste politique.

Quant aux hauts fonctionnaires, ils bénéficient d'une sécurité qui leur donne des facilités personnelles supérieures à celles des autres élus. Leur qualité de fonctionnaire leur procure une assurance tous risques contre les malheurs électoraux. Simon Nora, énarque lui-même, inspecteur des Finances et ancien directeur de l'ENA, ne disait pas autre chose : « *À la Libération, je suis passé à peu près directement du maquis à l'ENA et je dois dire que je ne me suis pas senti dépaysé. J'ai fait certes sauter moins de trains rue Saint-Guillaume qu'autour du Vercors mais, déontologiquement, l'esprit n'était pas très différent. Nous étions, dans les deux cas, le petit nombre qui savions mieux que les autres ce qui était bien pour le pays – et ce n'était pas complètement faux. Nous étions les plus beaux, les plus honnêtes, les plus intelligents et les détenteurs de la légitimité*[1]. » Il restait néanmoins lucide : « *Comme l'aristocratie de l'Ancien Régime, les énarques se sont octroyé plus de droits que de devoirs et comme l'aristocratie de l'Ancien Régime, ils sauteront comme un bouchon de champagne !* »

---

1. Jean-Michel Gaillard, *L'ENA, miroir de l'État*, Bruxelles, Éd. Complexe, 1999.

Les cabinets ministériels pris d'assaut

Dans les cabinets ministériels, en théorie, les collaborateurs peuvent venir du privé comme du public. Dans les faits, ils sont plus souvent fonctionnaires que cadres ou patrons issus du privé. Près de 70 % des conseillers de nos ministres sont, en effet, issus du secteur public et ce chiffre monte à 87 % à l'Élysée, 85 % à Matignon et 83 % aux Finances. Quant aux diplômés de l'ENA, ils sont plus de 50 % à l'Élysée, plus de 40 % à Bercy et 20 % en moyenne dans nos ministères. Parmi les dix plus proches collaborateurs à Matignon et à l'Élysée, quatre sont issus de l'ENA, et 71 % des directeurs de cabinet, en 2010, sont issus de l'ENA que nous sommes les seuls, en Europe, à conserver avec le poste garanti à la sortie.

La raison du faible nombre de personnels issus du privé dans les cabinets de nos ministres est très simple : il est bien plus facile d'être embauché et bien rémunéré quand on vient de la fonction publique. En effet, par rapport à leurs rivaux du privé, les fonctionnaires ne coûtent rien ou presque aux cabinets des ministères, car le cabinet paie seulement leur « prime de cabinet » et non pas leur salaire de la fonction publique qui continue à leur être versé par leur corps d'origine. Pour les mêmes missions, un collaborateur de ministre peut être payé très différemment d'un ministère à l'autre et de manière totalement opaque.

Ces membres de cabinets issus de la fonction publique sont en effet « mis à disposition » par leur administration d'origine. Ce système est tout de même plus vertueux, il est vrai, que le système opaque des « fonds secrets » qui existait avant 2001, cette enveloppe d'argent liquide dont disposait le gouvernement pour payer les compléments de rémunération des ministres et de leurs collaborateurs.

Le recrutement et la rémunération de collaborateurs issus du privé, ou non titulaires de la fonction publique, sont plus difficiles, voire politiquement plus risqués. Ainsi, l'enquête très médiatisée du député Dosière sur les cabinets ministériels dénonce des rémunérations trop élevées, mais ce sont surtout les collaborateurs issus du privé qui sont visés. Selon son étude, la rémunération moyenne de chaque membre de cabinet augmente en 2009 de 26,3 %. Et le député de souligner que de telles progressions sont *« inconnues dans la fonction publique »*. Il le déplore d'autant plus que, selon son rapport, *« les réductions de personnel sont drastiques dans la fonction publique »*.

Mais, si l'on se penche un tant soit peu sur la méthodologie suivie par le député Dosière, on comprend que le calcul est quelque peu biaisé. Tout simplement parce que le décompte des rémunérations des membres de cabinets ministériels ne concerne que les contractuels. Soit les personnels issus du secteur privé ou les personnels publics non titulaires. Et le rapport d'expliquer très simplement que sont exclus du calcul les personnels publics, car

« le coût des fonctionnaires issus des ministères continue à être supporté par le ministère d'origine ».

Sur 626 membres de cabinets, le rapport Dosière concerne donc seulement 240 conseillers pour 2009. Cette étude exclut d'office les salaires de 386 membres de cabinets payés par les ministères d'origine !

De plus, leur situation est inégale. Si tel directeur adjoint de cabinet, fonctionnaire issu de l'inspection générale des Finances, sait qu'il est « privilégié » et ne risque pas le chômage ni le placard, tel autre, issu du privé, témoigne : *« Mon ministre saute, je saute dans la minute, c'est un métier précaire par définition. »* Certains peuvent être reclassés dans le privé en faisant jouer les relations du ministre, mais cela peut prendre du temps, ou ne jamais aboutir.

Rien de tel pour les fonctionnaires, chez qui le passage par un cabinet est surtout vu comme un accélérateur de carrière. Les fonctionnaires ayant transité par les cabinets ministériels vont bien vite pantoufler, c'est-à-dire travailler dans le privé sans pour autant perdre les avantages de leur statut. Ils pourront revenir après six ans, voire quinze ou vingt ans, dans leur administration d'origine quand le privé ne voudra plus d'eux, et avant une confortable retraite. Le pantouflage est d'ailleurs encouragé depuis la parution d'un décret de février 2007 réduisant de cinq à trois ans le délai imposé à tout fonctionnaire, quel que soit son statut, avant d'aller travailler pour une entreprise avec laquelle il a été en relation dans ses fonctions (surveillance, contrôle, conclusion de contrats). Nombre de conseillers à la Cour des comptes sont restés ainsi en détachement pendant de très nombreuses années sans qu'il leur soit jamais demandé de démissionner.

Un ancien de la Cour des comptes témoigne : *« Le recrutement à la Cour des comptes se fait principalement par le rang de sortie de l'ENA, mais aussi, dans une moindre mesure, par le tour extérieur. Là, nous avons vu arriver un "colleur d'affiches" de Laurent Fabius. Cela avait fait l'objet d'un recours de la part de l'association des magistrats de la Cour auprès de la juridiction administrative. La Cour servait trop souvent de placard doré ou de refuge pour les politiques évincés du pouvoir ou leurs collaborateurs. Parfois, ils n'avaient manifestement pas les compétences pour faire un bon travail à la Cour. On peut dire, en guise de litote, qu'ils n'étaient pas les plus actifs. »*

Encore plus incroyable : l'idée de faire un « grade à accès fonctionnel » pour la haute fonction publique ; ce Graf, qui aurait permis à environ mille hauts fonctionnaires, même après avoir perdu leur poste de direction, de conserver leur salaire élevé. En effet, quand un fonctionnaire accède à un poste à responsabilité, sa rémunération augmente. Mais, lorsqu'il quitte ces responsabilités, il doit revenir à la grille salariale de son corps d'origine et subit parfois une perte de rémunération. Une situation que les anciens directeurs ou sous-directeurs dont regorge l'administration française n'acceptent plus ! Début 2010, le ministre Éric Woerth avait évoqué un dispositif dont auraient pu bénéficier, à terme, « de 10 % à 20 % des agents de catégorie A ».

Ce dispositif aurait été ouvert aux fonctionnaires du dernier grade ayant eu des responsabilités pendant dix ou douze ans. Mais les syndicats ne l'entendaient pas de cette oreille. Ils voulaient plus. L'Unsa regrette ainsi que cette proposition ne concerne pas tous les personnels de catégorie A. Pour l'instant, le Graf est donc resté dans les cartons du gouvernement et des syndicats, mais parions qu'il ressortira à l'occasion des prochaines restructurations de l'administration. Les cadres du privé pourraient en prendre de la graine : garder son salaire de dirigeant même quand on ne l'est plus et la retraite qui va avec, une aubaine à la hauteur de la nouvelle noblesse d'État.

Par ailleurs, il faudrait limiter le nombre de ces conseillers surnuméraires. Peut-on encore se permettre, dans un contexte de réduction budgétaire, des cabinets ministériels pléthoriques ? Dans une lettre adressée à son Premier ministre, le 28 juin 2010, le président Sarkozy demande que soit « *rigoureusement respectée, dès la rentrée prochaine* », la règle qui veut que « *le nombre de leurs collaborateurs de cabinet [soit] fixé à un maximum de vingt personnes, et quatre pour les secrétaires d'État* ». En pratique, l'application de cette règle s'est révélée très laborieuse… d'autant qu'une lettre de François Fillon à son gouvernement en 2007 avait déjà fixé les mêmes plafonds de collaborateurs.

En novembre 2009, seul le ministère de la Justice de Michèle Alliot-Marie satisfaisait aux critères, avec seize membres dans son cabinet. Le cabinet du Premier ministre a bien essayé de faire un effort, en passant de soixante-quatre personnes en juillet 2008 à soixante en 2009. Roselyne Bachelot, ministre de la Santé et des Sports, se contente de trente-quatre personnes dans son cabinet, et Jean-Louis Borloo, ex-ministre de l'Écologie et du développement durable, de trente-neuf. Et c'est sans compter les fonctions support, c'est-à-dire les chauffeurs, maîtres d'hôtel, cuisiniers, secrétaires administratifs, soit quatre cent six personnes pour le Premier ministre en août 2009, deux cent vingt-trois au ministère de l'Écologie, de l'Énergie, du Développement durable et de la Mer, et seulement quatre-vingt-un, si l'on peut dire, pour Christine Lagarde au ministère de l'Économie, de l'Industrie et de l'Emploi. L'effectif global des cabinets (conseillers, chauffeurs, cuisiniers, secrétaires, gardes du corps...) est de 3 277 personnes contre 2863 en 2007 : + 14,5 %. Le personnel d'intendance (cuisines, hôtellerie) est celui qui a le plus augmenté (+ 29,5 %).

« *Les fonctionnaires,* disait Georges Clemenceau, *sont un peu comme les livres d'une bibliothèque, ce sont les plus haut placés qui servent le moins.* » À son époque, ces hauts fonctionnaires n'avaient pas encore envahi tous les postes clés en politique, dans les grandes entreprises et dans les fédérations. Le pantouflage politique, où la haute administration s'arroge les postes clés, est typiquement français. En principe, les intéressés ne devraient pas pouvoir conserver leur statut de fonctionnaire et devraient démissionner, mais ils profitent du système de mise en disponibilité, qui peut perdurer jusqu'à douze années (six années de mise en disponibilité « dans l'intérêt du service », plus six années pour motif personnel) ! Un laxisme toléré par la droite comme par la gauche. Sans compter les extensions de durée possibles dans certains cas. C'est ainsi que, sur l'annuaire des inspecteurs des Finances, on peut, à l'heure actuelle, dénombrer une trentaine d'énarques passés dans le secteur privé depuis plus de dix ans et n'ayant pas démissionné.

Alors qu'en Allemagne, par exemple, sur les cent plus grandes entreprises allemandes, seules huit sont dirigées par d'anciens hauts fonctionnaires. Le chiffre tombe à cinq au Royaume-Uni. Et en France ? Là, 44 % des dirigeants du Cac 40 viennent de la haute administration. Il ne faut cependant pas être naïf. À un tel niveau de responsabilités, il est logique qu'il y ait des carrières qui se fassent à la fois dans le public et dans le privé. Mais en France, cela a pris une proportion inégalée ailleurs.

Alors, certes, il faut de la mixité entre public et privé. C'est même indispensable et de nombreux pays européens l'ont compris. En Suède, par exemple, on peut commencer sa carrière dans le privé, travailler ensuite dans le public, revenir dans le privé, etc. Mais non sans une certaine prise de risque puisque l'emploi public n'y est plus garanti à vie. Un système qui permet que public et privé partagent leurs compétences et ne vivent pas en circuit fermé. Mais combien de directeurs de l'administration viennent du secteur privé ? Quasiment aucun.

Selon une étude de deux chercheurs du CNRS, Michel Bauer et Bénédicte Bertin-Mourot, de 1960 à 1981, la moyenne annuelle d'énarques découvrant pour la première fois l'entreprise était de dix-neuf : elle est passée à cinquante-huit entre 1982 et

1990 : « *À la Cour des comptes, le nombre de détachements a augmenté de 30 à 35 % en dix ans. Le Conseil d'État ne compte dans ses bureaux du Palais-Royal que trente membres sur deux cents en activité. Où sont les autres ? Regardez du côté de la RATP, Elf, la SNCF, Renault, Paribas... mais aussi de TF1 ou EDF.* » Toujours selon ces deux chercheurs, en 1990, on compte sept cent vingt-cinq énarques dans les entreprises françaises. De plus, soulignent les sociologues François-Xavier Dudouet et Hervé Joly, « *le phénomène touche aussi fortement des entreprises qui n'ont jamais été nationalisées, comme Veolia (59 %), Vinci (50 %) ou Vallourec (33 %). Essilor est la seule à y échapper totalement*[1] ». En 1994, 60 % des énarques âgés de vingt-cinq à quarante ans envisagent de faire un tour dans le privé sans pour autant perdre le statut que leur procure le service public. En 2010, ils sont d'ailleurs 20 % à exercer dans le privé[2].

Et la déontologie dans tout cela ?

Un – modeste – obstacle était censé s'opposer au pantouflage et à la confusion des genres : la commission de déontologie. Celle-ci est chargée de contrôler le départ des agents publics vers le sec-

1. F.-X. Dudouet et H. Joly, « Les dirigeants français du Cac 40 : entre élitisme scolaire et passage par l'État », *Sociologies pratiques*, n° 21, Les Presses de Sciences-Po, 2010.

2. Selon une étude du site Emploi public, en 2009. http://infos.emploipublic.fr/2009/12/02/apres-l%E2%80%99ena-premiers-postes-et-evolutions-de-carriere/

teur privé et le secteur public concurrentiel. Elle examine si les activités privées que les fonctionnaires envisagent d'exercer ne sont pas incompatibles avec leurs précédentes fonctions. L'existence de cette commission est liée au fait que les fonctionnaires ne sont pas obligés de démissionner quand ils décident d'aller travailler dans le secteur privé.

Encore faut-il que cette commission soit saisie. Elle estime ainsi, dans son rapport d'activité 2008, *« ne pas pouvoir assurer pleinement sa mission de contrôle déontologique dans l'hypothèse où l'agent et son administration s'accordent pour ne pas la saisir alors même que la saisine serait obligatoire »*. À ce niveau de l'État, le cynisme est hélas trop souvent la règle.

8.

Des syndicats sans adhérents

Les syndicalistes, eux aussi, savent apprécier les parachutes dorés. Qui se souvient de la savoureuse nomination de Jean-Christophe Le Duigou, début 2008, au poste de conservateur des hypothèques de Corbeil-Essonnes ? Numéro 2 de la CGT, il n'avait pas mis les pieds au ministère des Finances depuis près de trente ans de mise à disposition. Mais, à cinquante-huit ans, un bref passage dans cette charge va lui procurer une retraite très confortable sans l'accabler de travail. Et ce n'est qu'un exemple parmi beaucoup d'autres, révélateur de l'hypocrisie ambiante.

Une image très médiocre

Dans un article publié à l'été 2010 dans la revue *Commentaire*, Yvon Gattaz a cette analyse : « *Le double mystère des syndicats français est éclatant : ils ont de moins en moins d'adhérents (7,5 % des salariés au total, répartis entre 2,5 % dans le privé et 19 % dans le public) et de plus en plus de permanents bien appointés. Nos syndicats français pourraient presque se passer d'adhérents.* »

Quinze millions de salariés du privé pèsent moins que 5,3 millions de salariés du public. Car le paradoxe, c'est que ce sont à peine 500 000 salariés du privé qui seraient aujourd'hui syndiqués face à plus de un million dans le public (en 2005, sur 1 884 000 syndiqués, on comptait 1 050 000 fonctionnaires[1]). Les syndicats ont quasiment disparu dans les entreprises privées mais sont restés puissants dans le secteur public et tiennent les gouvernements, de droite ou de gauche.

Un sondage réalisé début 2006 par la Sofres montrait que d'un côté, les Français percevaient les syndicats comme « *passéistes, plus attentifs aux intérêts des fonctionnaires et des salariés des grands groupes, dont ils défendent les acquis, qu'aux attentes nouvelles des salariés, à commencer par les femmes, les plus jeunes et surtout les chômeurs* ». Ce sont ainsi les salariés qui déclarent le moins de pénibilité au travail et bénéficient des chances de promotion les plus élevées qui sont le plus souvent syndiqués.

Les salariés du secteur privé ne sont pas dupes. Ainsi, aux élections prud'homales de 2002, le taux d'abstention s'est élevé à 67,3 %, contre 34 % en 1979.

Même le conseiller d'État Raphaël Hadas-Lebel, auteur d'un rapport sur le sujet en 2006, écrivait : « *Les syndicats français offrent ainsi une image paradoxale, dont témoigne un récent sondage : d'un côté, on*

1. Source : Institut supérieur du travail.

leur reconnaît une indéniable efficacité et un incontestable pouvoir d'entraînement ; d'un autre côté, ils sont perçus comme plus attentifs aux intérêts des salariés du secteur public et des grands groupes, dont ils défendent les acquis, ou encore comme souvent inspirés par des considérations idéologiques[1]. »

Malgré la chute du nombre d'adhérents, l'argent coule à flots. Dans un rapport confidentiel[2] remis au ministre de la Fonction publique, Georges Tron, est évalué à 250 euros par fonctionnaire ce que versent l'État et les collectivités locales aux syndicats en subventions et mises à disposition de personnels et de locaux. C'est donc au moins un milliard d'euros qui arrive chaque année du secteur public dans les caisses des organisations syndicales. Extrapolé à l'échelle nationale (5,2 millions d'agents), le soutien à l'activité syndicale coûterait de 700 millions à 1,3 milliard d'euros par an, une fourchette hypothétique mais que ne réfute pas la Rue de Grenelle.

Avec pudeur, le rapport sur les moyens des organisations syndicales évoque le financement par le secteur public des syndicats français : « *Afin d'avoir des interlocuteurs de qualité, l'État, comme les collectivités locales et les hôpitaux, ont, en ordre dispersé, aidé les organisations syndicales à fonctionner en leur donnant des moyens humains, matériels ou financiers.* » Dominique Andolfatto et Dominique Labbé, dans leur dernier ouvrage, *Toujours moins !*, répondent : « *Quelle que*

1. Rapport de 2006 sur le financement des syndicats.

2. Rapport « Le bilan des moyens alloués aux organisations syndicales dans la fonction publique », de Corinne Desforges pour l'Inspection générale de l'administration.

soit la qualité personnelle de ses dirigeants et le dévouement des derniers militants, un syndicat qui dépend des employeurs – privés ou publics – pour tout ou partie de ses ressources n'est plus un syndicat mais un agent patronal (ou un rouage de l'État). »

Aucun ministre de la Fonction publique ne peut ignorer que, comme le rappelle le rapport Hadas-Lebel, le ministère de la Fonction publique accorde, depuis 1992, des subventions aux organisations syndicales représentatives de fonctionnaires de l'État au niveau national qui siègent au Conseil supérieur de la fonction publique de l'État. Ainsi, pour l'année 2005, la répartition de ces subventions, dont le montant total est de 2,1 milliards d'euros, s'opère de la façon suivante : un montant identique pour les cinq organisations les plus importantes (CGT, CFDT, FO, Unsa, FSU) et deux fois moindre pour les deux autres (CFTC et CGC), plus impliquées dans le privé.

Les cinq syndicats représentatifs défendant avant tout la fonction publique – CGT, CFDT, FO, Unsa et FSU – reçoivent tous la même somme : 363 000 euros en 2005, quand CFTC et CFE-CGC sont à la portion congrue : 181 000 euros. Mais ces sommes ne sont qu'une toute petite partie de la manne publique. Même si le conseiller d'État Hadas-Lebel explique que *« la clé de répartition de ces montants tient compte du nombre de sièges obtenus par chaque organisation syndicale au Conseil supérieur de la fonction publique de l'État »*, il est clair que l'État a plutôt tendance à financer plus largement « ses » syndicats. Ces subventions du ministère de la Fonction publique doivent venir financer les stages ouvrant droit au congé pour formation syndicale. Toutefois, ni la DGAFP ni personne n'exerce aucun contrôle sur l'emploi de ces crédits.

Le ministère de l'Économie, de l'Industrie et de l'Emploi accorde, lui, chaque année une subvention de fonctionnement aux fédérations qui sont représentées au comité technique paritaire ou qui, à défaut, sont affiliées à une union de syndicats siégeant au Conseil supérieur de la fonction publique d'État ; en 2005, le montant de cette subvention était de 280 000 euros. Une telle subvention n'a pas de fondement légal dans l'état actuel du droit de la fonction publique.

Jean-Luc Touly, ancien cadre de la CGT, évoque dans son livre *L'Argent noir des syndicats* : *« Les financements occultes [qui] arrivent de partout [...] les financements les plus truqués et les plus importants viennent de l'État et des organismes paritaires. De la part des municipalités, nous avons pu aussi constater une certaine propension à mettre à disposition des syndicats des locaux appartenant aux communes. Les municipalités paient ainsi l'eau ou encore l'électricité pour les syndicats. C'est tout à fait illégal et certaines municipalités ont déjà été condamnées pour cela. Dieppe par exemple. Ce sont surtout la CFDT et la CGT qui bénéficient de cela dans les villes les plus importantes. »*

À côté de tous ces financements publics, les entreprises versent officiellement une paille. Dominique Andolfatto et Dominique Labbé, par exemple, évaluent notamment à 560 000 euros ce que verse le groupe Axa aux syndicats via le chèque syndical et à 335 000 euros ce que verse le Crédit mutuel. Bref, peu de chose face aux sommes versées par le secteur public.

L'État, chez nous, fait les fins de mois. Chez nos voisins, ce serait impensable. En Allemagne, Grande-Bretagne, Italie ou Suède, le montant des cotisations représente environ 80 % des recettes totales des syndicats (contre 20 % en moyenne sans doute en France). Résultat : leurs syndicats représentent aussi les salariés du privé et tous ces pays ont abandonné le dogme du statut de la fonction publique qui empêche toute réforme efficace du secteur public en France.

Un royaume opaque

Mais plus qu'en subventions, c'est en moyens humains que le secteur public est très généreux avec les organisations syndicales. Officiellement, pour la fonction publique d'État, le nombre de décharges de service pour activités syndicales serait au maximum de 5 376 équivalents temps plein (dont 2 087 à l'Éducation nationale). Pour les fonctions publiques territoriale et hospitalière, seuls 174 emplois seraient concernés. Le dernier rapport sur les moyens des organisations syndicales montre que ces chiffres officiels sont très en deçà de la réalité.

Il existe en fait deux mécanismes connus d'autorisations d'absence plus communément évoquées sous le nom générique de « mises à disposition » : autorisations spéciales d'absences et décharges d'activité de service. Selon le rapport Hadas-Lebel qui fait autorité sur le sujet, « *aucune disposition spécifique n'autorise de mises à disposition en faveur d'organisations syndicales* », notamment au sein de la fonction publique d'État. « *Ce n'est que par le biais des décharges de services – interministérielles et ministérielles, totales ou partielles – évoquées précédemment qu'elles deviennent possibles dans les faits et juridiquement justifiées. Reste à savoir, en l'absence d'informations consolidées pour l'ensemble de la fonction publique, si les ministères respectent les contingents prévus par les textes et si la répartition entre les organisations syndicales prend pleinement en compte les résultats aux élections, comme le prévoient les textes.* »

Et l'Institut supérieur du travail de surenchérir : « *Certaines des ressources dont bénéficient les organisations syndicales (notamment les décharges d'activité et mises à disposition de personnel tant dans le secteur public que privé) relèvent de procédures dont la légalité et, par suite, la sécurité juridique, est pour le moins discutable.* » En réalité, les syndicats s'arrangent pour cumuler toutes les autorisations d'absence et décharges de service sur les mêmes personnels, astuces qu'ils appellent « mutualisation » ou « fongibilité », ce qui permet d'avoir des personnels présents en permanence au service de l'organisation syndicale.

Pour l'ensemble de la fonction publique, il existerait entre 13 250 et 26 500 équivalents temps plein dans les syndicats. Des chiffres énormes : soit, rien qu'en effectifs, un coût représentant entre 500 millions et un milliard d'euros par an.

La SNCF, EDF mais aussi la CNAM sont de grands prêteurs de personnels payés sur fonds publics. Le chiffre de 590 postes équivalents temps plein a été souvent évoqué pour la SNCF. Mais combien sont-ils à EDF, GDF ou dans d'autres entreprises comparables ? Permanents syndicaux rémunérés par les entreprises, emplois fictifs parfois négociés au plus haut niveau, autant de pratiques qui sont passibles de délits d'abus de biens sociaux et de prêt illicite de main-d'œuvre, mais dont personne ne parle. Jean-Luc Touly, ancien cadre de la CGT, dénonce : « *Pour les mises à disposition de personnels, ce sont surtout les entreprises publiques qui sont très généreuses. Les personnels sont détachés sur plusieurs années, voire des dizaines d'années.* »

Les syndicats, de leur côté, défendent le bien-fondé de cette manne. Ainsi, le langage syndical est clair : « *Ces représentants, qu'ils soient administrateurs, membres des commissions techniques paritaires ou responsables syndicaux, sont utiles à leurs administrations* », selon Jean-Marc Canon (CGT). Oui, mais utiles à quoi ? À ce qu'on ne touche pas aux acquis des salariés du public ?

À combien sont évaluées ces mises à disposition ? Si la CFDT déclare un peu plus de 2,65 millions d'euros en mises à disposition de personnels, aucun élément chiffré n'est disponible auprès de la CGT. Selon François Chérèque[1], 255 personnes travaillent à la confédération, mais il ne précise pas qui paie les personnels en question. Selon Andolfatto et Labbé, ils étaient une quarantaine à y travailler dans les années 1960, alors que les adhérents étaient plus

1. *Si on me cherche...*, entretiens avec Carole Barjon, Albin Michel, 2008.

nombreux… Même chose pour la CGT, dont le personnel aurait quintuplé. Il semblerait que les effectifs mis à disposition par le public aient crû en proportion de la croissance des effectifs de la fonction publique puisque, dans les années 1980, les effectifs publics étaient de 3,8 millions pour atteindre 5,3 millions aujourd'hui.

Quoi qu'il en soit, la manne réelle que représentent les mises à disposition est très difficile à évaluer car, avant le vote de la loi « rénovation de la démocratie sociale » d'août 2008, les syndicats français, qu'ils soient de salariés ou patronaux, pouvaient se prévaloir de la palme de l'opacité des comptes.

L'obligation de déposer les comptes sera applicable en 2010 seulement pour les confédérations et les fédérations, en 2011 aux niveaux régional et départemental et en 2012 pour tous les syndicats. Les contributions publiques de financement, qu'elles soient des dotations pour des missions particulières ou des subventions, devront être détaillées. Mais le texte du Parlement ne va pas assez loin : il aurait été souhaitable que l'annexe détaille les effectifs des collaborateurs mis à disposition des syndicats, et le coût de ceux-ci. Une part d'ombre subsistera sur le sujet.

Aux subventions et mises à disposition s'additionnent les ressources issues de la participation des syndicats à la gestion de la Sécurité sociale et des autres organismes à gestion paritaire, comme l'Unedic. Mais il semble que les crédits les plus importants soient ceux de la formation professionnelle. En 2005, sur 23 milliards d'euros de formation professionnelle, Pierre Cahuc et André

Zylberberg[1] évaluent à plus de 170 millions d'euros la part qui viendrait remplir les caisses des syndicats, soit une somme à peu près égale à l'ensemble des cotisations, et ce de manière totalement opaque. La loi prévoit en effet que 1,5 % des cotisations obligatoires des entreprises aux fonds de formation puisse être reversé aux partenaires sociaux.

De son côté, Jean-Luc Touly, dans *L'Argent noir des syndicats*, dénonce encore : « *Il nous est apparu avec certitude que l'argent de la formation professionnelle est utilisé en partie à d'autres effets*[2]. » Ce que semble corroborer la Cour des comptes qui évoque, quant à elle, une utilisation « *opaque de ces crédits* ». Par ailleurs, il semblerait que les droits au financement des syndicats sur la formation professionnelle soient gonflés. De nombreux témoignages attestent en outre que les syndicats se feraient rembourser par le ministère du Travail des heures de formation délivrées par des permanents syndicaux mis à disposition par les administrations...

« *La défense du statut* »

Sur les principales organisations membres de la CGT (fédération des services publics, de la santé, des cheminots...), 350 000 membres sont issus du secteur public ou parapublic contre 137 000 seule-

1. Étude réalisée à la demande du Centre d'observation économique de la chambre de commerce et d'industrie de Paris.
2. Entretien avec l'auteur.

ment du privé. Depuis 1967, tous les dirigeants de la CGT qui se sont succédé émargeaient sur fonds publics : le cheminot Georges Séguy comme Henri Krasucki qui travaillait pour l'entreprise publique Renault, Louis Viannet, fonctionnaire, contrôleur des PTT, puis Bernard Thibault, employé de la SNCF. Dans le bureau de la CGT qui est l'instance dirigeante, pour deux personnes issues du secteur privé, six sont actuellement issues du secteur public.

Quant à Force ouvrière, le syndicat compte 195 000 adhérents venant du privé, et 290 000 issus du public. De la CFDT à l'Unsa ou à SUD, la domination des fonctionnaires est partout la même. Dans ce contexte, quel changement attendre de ces confédérations ?

9.

Aux abonnés absents

Le sujet est tabou. Quiconque ose s'aventurer sur ce terrain risque d'y laisser sa carrière. Claude Allègre, ministre de l'Éducation nationale de 1997 à 2000, en a fait les frais lorsqu'il a voulu lutter contre l'absentéisme chez les professeurs dont il avait annoncé que le taux était de 12 %. Cette dénonciation publique, remise en cause par les syndicats de l'Éducation nationale, notamment le Snes, a même signé son arrêt de mort politique.

En 2009, selon le baromètre de l'absentéisme publié pour la seconde année par Alma Consulting Group, le taux d'absentéisme dans le secteur privé (maladie, accident du travail et maladie professionnelle) se situe à 5 % contre environ 10 % dans la fonction publique.

Ces congés abusifs coûtent cher, désorganisent les services et ont augmenté depuis la loi sur les 35 heures. Or « *les spécialistes avancent qu'un taux d'absentéisme de moins de 4 et 5 % est un bon taux et à l'inverse un taux qui atteint 8 à 10 % doit générer systé-*

matiquement une analyse, la recherche des causes et la mise en place d'actions précises[1] ».

Curieusement, les consultants d'Alma Consulting Group qui ont fait l'étude ont eu beaucoup de mal à obtenir des données de la part des organisations publiques faisant partie de l'étude. Année après année, les rapports sur l'« absentéisme » ou, plus neutre, le « temps de travail » dans le secteur public se succèdent et ne sont jamais assortis de mesures permettant d'enrayer la multiplication des absences des agents publics et *« l'absentéisme larvé [qui continue de] désorganise[r] les services et [de] désespère[r] les agents »*, selon l'économiste Jacques Marseille.

Le nombre d'absents devrait logiquement être plus faible dans la fonction publique pour au moins trois raisons :

Les conditions de travail sont généralement meilleures. L'esprit de service public est censé constituer une forte motivation. De plus, le nombre de semaines de présence au travail (dans l'Éducation nationale au moins) est plus faible. Avec seize semaines de vacances par an contre cinq à huit, la probabilité de tomber malade pendant son temps de travail se trouve diminuée !

Une des explications d'un absentéisme deux fois plus élevé dans le public que dans le privé réside certainement dans le fait que le système des congés maladie des fonctionnaires soit très généreux. Ainsi, les fonctionnaires en arrêt maladie continuent-ils d'être payés par l'État (ils ne cotisent pas

1. Source : *La vie éco*, 2009.

à l'assurance maladie pour les arrêts) et n'ont pas les trois jours de carence qui existent pour les salariés du privé. De plus, dans le public, le taux de remplacement du salaire est de 100 % pendant un an (voire trois ans dans certaines conditions), et ce sans plafond, alors que le privé se contente de 46,22 euros par jour maximum.

De surcroît, le temps passé en congé maladie dans l'administration est pris en compte pour... l'avancement et la retraite. Par ailleurs, la plupart des mutuelles de la fonction publique complètent les pertes éventuelles de traitements par des allocations journalières qui permettent, le plus souvent, de conserver environ 75 % du salaire net. Le comble ? Ces allocations ne sont pas imposables.

Pour les salariés dépendant de l'assurance maladie pour le remplacement de leur traitement, les conditions sont bien plus drastiques. En effet, lorsqu'un assuré du régime général est en arrêt maladie, il doit le déclarer sous quarante-huit heures à la Caisse nationale d'assurance maladie des travailleurs salariés (Cnamts). Après un délai de carence de trois jours durant lequel l'assurance maladie ne versera pas d'indemnités journalières (sauf exceptions, telles les ALD, affections de longue durée), l'assuré pourra bénéficier des indemnités journalières pour compenser sa perte de salaire.

Mais elles sont égales à 50 % du salaire de base. Bref, quand on compare les deux régimes, on comprend assez facilement pourquoi le taux d'absentéisme est plus élevé dans le secteur public.

Constatant cet écart, le gouvernement a mis en place une expérimentation pour faire contrôler les arrêts maladie des fonctionnaires d'État par les médecins inspecteurs de l'assurance maladie.

Une convention de partenariat a été signée sur le sujet entre le directeur de la Cnamts et le ministre de la Fonction publique. Cela ne se fera qu'à titre expérimental dans six régions. Selon Éric Woerth[1], les fonctionnaires doivent également être concernés par de tels contrôles : « *Je souhaite aussi que pour le fonctionnaire d'État, il y ait un contrôle normal, régulier, de l'opportunité des arrêts maladie.* » Six régions seront donc concernées et les agents seront susceptibles d'être contrôlés pour des arrêts de moins de six mois. Mais ce, à condition que l'arrêt de travail soit « *de plus de quarante-cinq jours consécutifs* », ou alors que soient constatés « *plus de trois arrêts de travail de courte durée au cours des douze derniers mois, dès lors que le quatrième arrêt est d'une durée supérieure à quinze jours* »... Même les conditions de contrôle sont kafkaïennes...

Où sont les contrôleurs ?

Le plus surprenant ? Les contrôleurs eux-mêmes sont également particulièrement absentéistes. Avec des arrêts maladie de 15,7 jours par agent (contre

1. Intervention sur RCF-Radio Notre-Dame-*La Croix*, le 11 juin 2009, dans l'émission « Face aux chrétiens ».

9,7 jours dans le privé) et un absentéisme global de 8 % pour les salariés de la Cnam (contre 5 % pour le privé), ces personnels ne semblent pas très sensibles à ce problème. D'ailleurs, la Cour des comptes, dans son rapport 2004 sur la Sécurité sociale, relevait : « *La réduction de l'absentéisme, reconnu comme élevé en moyenne dans les caisses de Sécurité sociale, ne fait l'objet d'aucun objectif précis, sauf pour la branche retraite. [...] Si les caisses locales enregistrent les données relatives aux diverses causes d'absentéisme, elles ne les analysent pas avec l'objectif d'en réduire l'importance. Pourtant, deux motifs d'absence devraient faire l'objet d'un contrôle vigilant : les absences maladie de courte durée et les absences pour motifs syndicaux.* »

À l'occasion de ce rapport, la Cour des comptes a d'ailleurs effectué des contrôles dans des organismes à la productivité particulièrement médiocre. La Cour note donc qu'à la Cpam de Nîmes, l'absentéisme semble « *résulter d'habitudes bien installées* ». La Cour remarque d'ailleurs que le précédent directeur, bien que conscient de ce problème, n'avait mis en place aucune politique pour améliorer la situation. Plus généralement, le rapport constate que, s'il peut y avoir des abus comme l'absentéisme dans tout service, il est néanmoins grave que ces abus se renouvellent « *sans que la tête de réseau et la tutelle administrative aient agi ou pu agir pour y mettre fin* ».

Autre exemple de contrôle de la Cour : la Cpam de Boulogne-sur-Mer, où se sont accumulées des absences de longue durée. Cet absentéisme y était dû à des « *dysfonctionnements inquiétants : déroulements de carrière atypiques, recrutement non professionnel du personnel, révision à la baisse des missions d'un salarié protégé sans respect des procédures légales, faits de harcèlement moral établis par des décisions de justice...* ».

En tête du palmarès

Quant à l'absentéisme des professeurs, dès 1997 il suscitait déjà la polémique avec le rapport Bloch, selon lequel « *le temps de présence devant les élèves des enseignants, au lycée et au lycée professionnel, est inférieur de 12 % environ au temps théorique. [...] Il y a ainsi une demi-année "perdue" sur l'ensemble de la scolarité dans le second degré* ». Le ministre de l'Éducation nationale de l'époque, Claude Allègre, reprenait ces chiffres et... fut contraint à la démission en 2001.

En juin 2009, l'absentéisme des professeurs fait à nouveau la une des informations après la révélation, sur RTL, d'une enquête du ministère de l'Éducation nationale portant sur les écoles maternelles et primaires. Les 283 000 enseignants du primaire auraient cumulé quelque trois millions de jours d'absence en 2007-2008, soit dix jours par enseignant (hors vacances scolaires...) en moyenne.

Le ministre de l'Éducation nationale, Luc Chatel, refuse alors la « *stigmatisation par principe* » d'une profession et justifie ces nombreuses absences : « *Les professeurs des écoles sont plus exposés aux maladies que les salariés du privé en raison du nombre de maladies bénignes, telles que les grippes ou les gastro-entérites, dont les enfants sont souvent porteurs*[1]. »

Même si les congés maternité ne sont pas compris dans les statistiques d'absentéisme, l'entourage du ministère de l'Éducation défend : « *Il faut regarder sur quelle population sont calculées ces statistiques, une population féminine à 85 %, qui a naturellement plus de congés pathologiques (post-maternité [comptabilisés comme des congés maladie, ndlr]) que d'autres populations. On trouverait les mêmes statistiques chez les infirmières*[2]. »

Mais, curieusement, malgré microbes et taux de féminisation élevé, ces maladies tombent souvent à des moments clés du calendrier, comme l'indique le rapport cité par RTL : « *55 % des congés de 24 heures et 81 % des congés de 48 heures ont lieu juste autour du week-end et suggèrent un léger potentiel de réduction.* » Le rapport constate aussi une remontée du taux de maladies au mois de mai !

Le Snuipp s'est « *ému* » de cette révélation sur l'absentéisme. Dans un communiqué adressé au ministre, « *le Snuipp demande solennellement au ministre [...] d'attribuer les moyens d'assurer la continuité du service public* ». Et Luc Chatel de répondre sur RTL : « *Le vrai sujet, c'est qu'il y ait continuité du service public, c'est-à-dire quand les enseignants sont amenés à être absents [...], il faut qu'il y ait des remplaçants* ».

Certes, il est de la responsabilité des enseignants de tout faire pour remplacer leurs collègues – mais ils sont loin de le faire. Le rapport annuel 2007 de

1. Lettre de Luc Chatel au Snuipp, 22 juillet 2009.
2. Maryline Baumard, *Le Monde*, 2009 et AFP.

l'Inspection générale de l'Éducation nationale révèle en effet qu'un dispositif de remplacement a été mis en place pour les absences inférieures à deux semaines par décret du 26 août 2005, applicable au 1er janvier 2006. Les chefs d'établissement sont appelés à rechercher *« en priorité l'accord des enseignants qualifiés »* et, à défaut d'accord, à désigner les personnels chargés d'assurer des remplacements de professeurs absents. Or l'inspection a constaté des *« difficultés réelles de mise en œuvre, notamment en début de processus, les chefs d'établissement ayant dû, dans certains cas, faire face à une opposition de principe des équipes pédagogiques »*.

Et pour cause : les syndicats d'enseignants poussent les professeurs à ne pas assurer les remplacements, à renvoyer les enfants chez eux et à inciter les parents d'élèves à faire pression sur « l'administration » pour que celle-ci embauche davantage de remplaçants pour combler les manques des professeurs. C'est, en tout cas, ce qu'indique le site du SE-Unsa (syndicat de l'enseignement) : *« La situation est particulièrement tendue dans les écoles au vu du nombre important de collègues absents, non remplacés. Il est inadmissible que les carences de l'administration retombent sur les épaules des collègues. »* Une prise de position qui semble sous-entendre que la solidarité ne peut exister, vu le nombre de congés injustifiés.

Une enquête de l'Éducation nationale de 2009 précise, en effet, que 45 % des professeurs des écoles (maternelle et élémentaire) auraient posé un arrêt pour raison de santé pendant l'année scolaire 2007-2008, soit deux fois plus que ce qui est observé pour les salariés du privé (22 % des actifs ont posé un arrêt sur la même période). Chez nos voisins, l'absence des professeurs n'est pas une évidence. En Belgique, une étude publiée par Sud Presse, en 2007, avait fait scandale en révélant un taux d'absence des enseignants de... 7% !

Qu'en disent les professeurs français ? Interrogé par *Le Post*, Roland Hubert, secrétaire général adjoint du Snes (Syndicat des enseignements du second degré) précise : « *Le taux d'absentéisme des enseignants n'est pas supérieur à celui des autres administrations.* » Cette assertion est juste, mais avec un tel taux d'absentéisme, on ne peut pas dire qu'elle soit une bonne excuse ! Pour M. Hubert, d'ailleurs, la faute n'est pas aux enseignants malencontreusement malades, mais au gouvernement et à sa décision de ne pas remplacer une partie des personnels : « *La politique gouvernementale est en train d'asphyxier le système éducatif.* »

Et dans les collectivités ?

L'Observatoire de l'emploi, des métiers et des compétences du Centre national de la fonction publique territoriale (CNFPT) et la Direction générale des collectivités territoriales (DGCL) ont publié, en mai 2010, une intéressante synthèse des rapports des comités techniques paritaires sur l'état des collectivités territoriales au 31 décembre 2007. On y trouve les statistiques sur les absences pour raisons de santé. Le rapporteur est forcé d'avouer qu'*« on observe de fortes disparités au regard du statut. »*

En effet, les agents titulaires sont en moyenne absents 24,6 jours par an (ce qui représente près d'un mois de travail), dont 21 jours pour raison de santé (maladie, longue maladie, accident du travail ou maladie professionnelle). Ce chiffre représente le double des absences des agents non titulaires qui, eux, sont, en moyenne, absents 11,7 jours par an, dont 9 pour raison de santé.

Avec la crise, en 2009, le nombre d'absences pour raison de santé dans la fonction publique territoriale a connu une *« progression soudaine »* de 8 % par rapport à l'année précédente, selon la tendance étudiée par Dexia Sofcap[1] sur la base de données analysées fin mars 2010. Le nombre d'arrêts maladie accuse une hausse de 11 % et la durée moyenne des interruptions augmente aussi de 4 %, passant de 17 jours en 2001 à 22 jours en 2009.

Dexia Sofcap donne plusieurs explications à cette hausse importante de l'absentéisme : des agents plus âgés et *« un contexte général de crise perturbant »*, générateur de stress et de comportements dépressifs. Difficile de penser que la crise, qui affecte en priorité les salariés du secteur privé, puisse perturber à ce point les agents du secteur public, bien plus protégés. D'autant que l'autre constat est que le taux d'absentéisme est plus faible (5,9 %) dans

1. Groupe de courtage d'assurance du personnel des collectivités locales et établissements hospitaliers.

les administrations comptant moins de dix agents que dans les grandes structures de plus de trois cent cinquante agents, où il culmine officiellement en moyenne à 8,7 % (qui serait plutôt, selon les recoupements disponibles, d'au moins 10 %).

Conséquence de cette dégradation générale de la présence des personnels dans les administrations : le coût de l'absentéisme, déjà élevé (entre 1 171 et 1 798 euros en moyenne l'arrêt par agent, selon l'importance de l'effectif), poursuit sa course. Au niveau global, dans la fonction publique, on peut évaluer ce coût de l'absentéisme à plus ou moins vingt milliards d'euros tous les ans. Si le taux d'absentéisme de la fonction publique était au niveau de celui du secteur privé, le Budget économiserait dix milliards d'euros par an. L'équivalent de l'actuel déficit du régime général de retraites.

Mauvaise santé à l'hôpital

Selon une étude de l'École nationale de santé publique, *L'absentéisme, un enjeu de santé et de gestion*, parue en 2005, un curieux paradoxe apparaissait : les actifs les plus malades sont... les agents de la fonction publique hospitalière, et en particulier ceux de l'AP-HP.

Cela a été encore confirmé dans un récent rapport de la chambre régionale des comptes d'Île-de-France paru en 2010 : « *En moyenne, un agent non médical est absent 22,25 jours, soit plus d'un mois par an, en sus des jours de congés habituels, de RTT et de repos récupérateur. Pour le personnel soignant, cette moyenne est supérieure à vingt-quatre jours, dont près de sept jours d'absence pour maladie ordinaire*[1]. » En 2007, les hôpitaux Bichat, Claude-Bernard et Broussais, Georges-Pompidou connaissaient, selon la chambre régionale des comptes, un absentéisme de 33 % supérieur à la moyenne des établissements de l'AP-HP. Soit trente jours par agent, en plus des congés payés et des RTT !

« *Curieuse ironie... la santé de ceux qui nous soignent est plus fragile que celle des autres* », dit une étude de Dexia Sofcap (*L'Absentéisme, miroir de la pénibilité des conditions de travail*) évoquant des conditions de travail plus pénibles pour le personnel soignant.

La faute aux 35 heures ?

On constate donc, ces dernières années, que ce soit à l'hôpital, dans les collectivités ou dans l'enseignement, une augmentation très forte du nombre d'arrêts maladie chez les agents de la fonction publique. Les causes sont multiples et plus ou moins sérieuses : vieillissement des actifs, certes, pénibilité du travail, mais aussi réforme des 35 heures. Les 35 heures seraient-elles responsables de cette hausse de l'absentéisme ? Comment ?

---

1. Rapport d'observations définitives sur l'Organisation des soins à l'Assistance publique-Hôpitaux de Paris, 2010.

Deux raisons sont avancées pour expliquer ce paradoxe. En premier lieu, les RTT seraient souvent prolongées par des jours d'absence supplémentaires pris en congés maladie (selon l'Uimm, Union des industries et des métiers de la métallurgie, 54 % des absences surviennent le lundi et 32 % le vendredi). En second lieu est invoquée l'augmentation du stress des employés. Ces derniers sont obligés de faire en 35 heures ce qui en nécessitait 39 auparavant. Cette compression du temps se répercuterait sur leurs conditions de travail et engendrerait plus d'arrêts.

Cela s'explique aussi historiquement. Avant les 35 heures, les agents publics avaient déjà droit à beaucoup plus de congés que les personnels du secteur privé. Ainsi, en 1999, le rapport de Jacques Roché sur *Le temps de travail dans les trois fonctions publiques* pointait tous les congés atypiques que s'octroyaient les ministères. Le rapport révélait qu'au ministère de la Jeunesse et des Sports, « *ces personnels bénéficient de quarante-quatre jours de congés annuels auxquels s'ajoute un congé de huit jours à Noël et autant à Pâques* ». C'est la *dolce vita* dans l'État !

Les agents des services déconcentrés du ministère de l'Équipement avaient droit, quant à eux, à des « congés préfet » (soit deux à trois jours par an) ainsi qu'à des « congés locaux » de deux à trois jours, par an aussi. Au ministère de l'Emploi, leurs collègues bénéficiaient d'une sixième semaine de congé, appelée « semaine d'hiver » ou « semaine complémentaire ». S'ajoutaient à cette semaine des journées accordées par le ministère : de un à deux jours (pour Noël, le 15 août...). Les fonctionnaires du ministère des Finances avaient aussi droit à de nombreuses « journées d'exception » (journée d'hiver, journée de printemps, jour de foire...) accordées à discrétion mais qui faisaient passer le nombre de jours de congés annuels de trente-deux à trente-quatre jours. Le personnel du ministère de la Culture bénéficiait de son côté de la « semaine Malraux », une sixième semaine de congés payés supplémentaire de fait.

Bref, les fonctionnaires jouissaient des RTT avant l'heure. Et même si, depuis la mise en place des 35 heures en 2001, tous les congés ou « journées exceptionnelles » ont été refondus dans les RTT ou négociés et incorporés en tant qu'acquis sociaux, il semblerait que certaines traditions persistent qui ne sont pas sans rappeler la petite phrase attribuée à Jacques Delors : « *Avant de faire faire 35 heures aux fonctionnaires, il faudra les habituer peu à peu : 28, 29, 30...* » Démagogie ? Sans doute. Mais il y a quand même un léger problème et qui ne s'arrange pas avec le temps.

10.

Un État obèse

« La France est un pays extrêmement fertile : on y plante des fonctionnaires et il y pousse des impôts », disait Georges Clemenceau. Avec humour, l'homme dénonçait une des spécificités les moins attractives de l'Hexagone : on y taxe tout et, comme si cela ne suffisait pas, on fait en sorte d'appliquer autant de régimes différents que de statuts existants. Un vrai casse-tête laissé au bon vouloir des fiscalistes, seuls capables d'interpréter l'enchevêtrement des règles en vigueur.

À cette pratique de caste, il faut ajouter la tradition nationale qui veut que l'on embauche des fonctionnaires par principe, sans même prendre le temps de réfléchir aux conséquences d'une telle inflation. Avec huit fonctionnaires pour cent habitants, contre cinq en moyenne pour le Royaume-Uni et l'Allemagne, la France tient le haut du pavé. Au cours des trente dernières années, le nombre de fonctionnaires est passé de 3,86 millions à 5,2 millions, une augmentation de plus d'un tiers loin de refléter l'évolution démographique réelle. Y a-t-il une explication logique à cela ?

Une explosion de la démographie publique

La France est en vérité un pays suradministré. Il n'y a qu'à regarder dans le Limousin : selon les chiffres officiels, plus d'un emploi sur quatre est un emploi de la fonction publique[1] !

D'une manière générale, l'emploi public a progressé deux fois plus rapidement que l'emploi total. Malgré les stratégies de « redéploiement », aucune catégorie de la fonction publique n'a connu une pression à la baisse. Au contraire, les effectifs n'ont cessé d'augmenter dans les trois fonctions publiques, comme le montre le tableau de l'annexe 2 (p. 200).

En vingt ans, rien que la fonction publique locale a augmenté ses effectifs de 51 % alors que l'ensemble des administrations augmentait de 17 %. Un rythme explosif. En tête des augmentations : les régions ont un carton rouge avec + 92 %, les intercommunalités avec + 89 % et les départements avec + 42 %. Théoriquement, le mouvement de décentralisation aurait dû se traduire par une réduction des effectifs de la fonction publique d'État. Mais, contrairement à cela, les effectifs ont continué à croître à un rythme important.

La multiplication des intercommunalités n'a rien arrangé, car ces dernières ont une fiscalité propre et

1. Source : Prisme Limousin, 2009, « Financement contrat de projet État et région Limousin ».

utilisent souvent des personnels payés par les communes n'apparaissant pas dans leurs budgets, selon le principe de la prétendue « libre administration ». Chacun des échelons administratifs devient compétent sur tout, et c'est bien là le problème : les dépenses culturelles mais aussi l'éducation, le social...

Le rapport Balladur l'admettait : les compétences des collectivités locales et de l'État sont terriblement enchevêtrées. « *À quelques exceptions près, les compétences des collectivités locales, qu'il s'agisse d'assurer le fonctionnement d'un service public, d'attribuer des concours financiers aux entreprises ou aux particuliers, ou encore de réaliser des investissements, sont toutes partagées entre elles.* » Et le même rapport reconnaissait : « *[...] tant l'enchevêtrement actuel des compétences est rebelle à tout effort d'analyse. À la vérité, la clarification des compétences est appelée à demeurer un vœu pieux tant qu'elle ne procédera pas d'une redéfinition des structures mêmes de l'organisation territoriale de notre pays.* »

Organisation absurde, embauches pharaoniques... Bref, toutes fonctions publiques confondues, les dépenses de personnel ont atteint, en 2007, 287 milliards d'euros, entre salaires et pensions. Un chiffre extravagant. Là où un grand nombre de nos voisins en Europe réduisent leurs effectifs, suppriment leurs statuts à vie ou les réservent aux agents ayant réellement des missions régaliennes, la France continue à embaucher... à 3,5 millions d'euros le poste de fonctionnaire pour une vie ! Et, dans les collectivités, ce sont en moyenne quarante mille nouveaux postes qui sont créés chaque année depuis 2005[1].

Les Dom-Tom ou la suradministration

Combien y a-t-il d'agents publics pour cent habitants dans les Dom ? Difficile de répondre.

Si l'on considère le secteur public dans son ensemble, il constitue dans les Dom environ 30 % du PIB contre seulement 19,5 % en métropole. Partout, dans ces territoires, l'État est le premier employeur. Même à la Martinique, le plus petit et le plus riche des Dom, la fonction publique absorbe 37 % de la population active. Les fonctionnaires de l'outre-mer bénéficient d'une multitude d'avantages, parmi lesquels une rémunération dorée. Leurs salaires sont nettement supérieurs (de 40 % à plus de 100 %) à ceux des métropolitains. De même, le salaire moyen dans le public est environ 80 % plus élevé que dans le privé.

Ces « sursalaires » dans les Dom-Tom coûtaient plus de 1,5 milliard d'euros en 2007 au budget de l'État. Ils sont en réalité un empilement hétéroclite de majorations de traitements et de primes qui coexistent et se surajoutent depuis les années 1950, à savoir :

– Une majoration forfaitaire du traitement des fonctionnaires de l'État de 40 % appelée « prime de vie chère ».

---

1. Source : ministère des Finances.

– L'indemnité particulière de sujétion et d'installation visant à favoriser les déplacements de fonctionnaires depuis la métropole (seize mois de traitement pour quatre ans de service) ;

– Les primes « inverses » d'installation des fonctionnaires des Dom en métropole, avec un système des congés bonifiés payant les séjours réguliers de retour dans les deux sens des fonctionnaires vers leurs départements d'origine ;

– Enfin et de façon dérogatoire pour la Réunion, l'« indemnité temporaire de retraite », majoration du traitement d'inactivité de 35 % offerte à tout fonctionnaire retraité élisant résidence principale à la Réunion.

Rappelons que, pour renforcer encore l'attractivité de ces carrières – s'il était nécessaire ! –, une réduction d'impôt sur le revenu de 30 % à la Guadeloupe, Réunion et Martinique, et de 40 % en Guyane a été mise en place en 1969. Elle n'a, au départ, concerné que les fonctionnaires. Le bénéfice de cette niche fiscale a été étendu ensuite à l'ensemble de la population. Rien de grave : le contribuable est là pour payer.

Bénéficient également de revenus majorés les employés du secteur « protégé »... que l'on peut définir comme celui des opérateurs de l'État, des établissements publics (dont le secteur public hospitalier) et des entreprises publiques ou privatisées (banques) conservant des majorations de rémunération significatives. Alors qu'il s'agissait à l'origine, entre majorations et primes, d'attirer des fonctionnaires de métropole vers les postes des Dom et de « compenser » le décalage des conditions de vie et le différentiel de pouvoir d'achat entre la France et ces territoires, peu à peu, depuis les années 1980, ces dispositifs ont été étendus aux agents de la fonction publique locale. La population des Dom a dès lors été attirée par des salaires publics bien plus élevés que les salaires locaux proposés dans le privé.

La fonction publique territoriale a ensuite réclamé – et obtenu ! – que la rémunération de ses titulaires soit alignée sur celle des fonctionnaires d'État. Il en a résulté un appel d'air qui a conduit à une titularisation massive et à une explosion des effectifs locaux. En 2004, l'Insee relevait à Pointe-à-Pitre (Guadeloupe) un effectif salarié total dans le secteur public de 24 582 agents, quand la population de Pointe-à-Pitre était évaluée à 20 000 habitants : plus d'agents publics que d'habitants, difficile de faire mieux, même en Sicile.

« *Le système est à bout de souffle* », constate Fernand Odonnat[1], patron d'une vingtaine de salariés et responsable local de la Cgpme à la Martinique. « *Les PME peuvent à la rigueur se permettre d'embaucher un employé qui a un bac + 5, mais sûrement pas deux. La concurrence du secteur public, qui fait sans cesse des appels du pied aux jeunes diplômés, est trop forte.* »

1. Dans un entretien accordé au magazine *L'Expansion*, en mai 2006, publié dans l'article de Yves-Michel Riols, « L'outre-mer étouffe d'être le paradis des fonctionnaires ».

Où sont mes fonctionnaires ?

En France, vingt-deux mille enseignants du premier degré dans l'enseignement public ne sont pas devant les élèves. Le pire c'est que, souvent, l'État ne sait pas toujours où sont ses fonctionnaires ; des dispositions législatives introduites en 1983 et 1984 ont permis à certains d'être payés par une administration et de travailler ailleurs – dans une association de chasse et pêche, ou un syndicat. Cela s'appelle les « mises à disposition ». Et c'est très difficile à évaluer. C'est d'ailleurs le but de la manœuvre.

Beaucoup de fonctionnaires – ou d'agents d'EDF ou de la SNCF – sont par exemple « mis à disposition » des syndicats. Ils vont alors pouvoir se consacrer pleinement à cette nouvelle activité tout en continuant à poursuivre normalement leur carrière, ce qui est une facilité agréable.

Ce qui est certain, c'est que les « mis à disposition » sont nombreux. Le chercheur Dominique Labbé observait que dans plusieurs administrations ou entreprises sous statut, environ 0,7 % à 1 % du personnel était détaché dans des organisations syndicales et évaluait le chiffre à quelque quarante mille personnes. C'est là une hypothèse sans doute basse. Le fonctionnement des syndicats s'appuie sur ces « mis à disposition ». Ce système est une (autre) exception française. Dans les autres pays, les ressources des syndicats sont essentiellement constituées par les cotisations de leurs adhérents.

Où sont les freins ?

Il y a urgence maintenant à agir : car entre 1980 et 2009, le nombre de fonctionnaires de l'État a augmenté de cinq cent mille et le volume des dépenses de personnels (y compris pensions et opérateurs) a presque doublé, passant de 77,5 milliards à 138,7 milliards en euros constants[1]. Par ailleurs, le moment est stratégique car on est au maximum du nombre de départs en retraite (soixante-huit mille), chiffre qui devrait baisser à quarante-cinq mille en 2020. En 2010, sur un total de départs à la retraite estimé à 67 954 postes pleins, les ministères auront supprimé 33 493 postes. C'est encore très insuffisant.

Les gouvernements successifs prônent, depuis 2004, le respect de la règle du non-remplacement d'un fonctionnaire de l'État sur deux partant en retraite pour réaliser des économies budgétaires. C'est loin d'être le cas. Depuis 2005, seulement 107 140 postes ont été supprimés alors que, si on prend au pied de la lettre la règle du non-remplacement, ce sont 193 000 postes qui auraient dû l'être. Il faut rappeler à ce titre que les dépenses de personnel représentent 42 % du budget de l'État.

Georges Tron lui-même, aujourd'hui secrétaire d'État à la Fonction publique, disait récemment :

1. Évaluation fondée sur les chiffres du rapport de la Cour des comptes : « Les effectifs de l'État 1980-2008 », 2009, complétée par les données du rapport annuel sur l'état de la fonction publique 2009 et documents budgétaires 2010.

« Sur l'ensemble de la législature, l'application de la règle de non-remplacement permettrait une économie totale brute de 4,5 milliards d'euros pour environ 155 300 départs non remplacés, soit 7 % des effectifs de l'État[1]. »

Si l'on mesure l'effort en termes financiers, le gain brut pour l'État serait de 2,57 milliards d'euros[2], un bénéfice non négligeable en période d'endettement massif. Mais qui en est conscient dans la classe politique ?

---

1. Intervention devant l'iFrap en mars 2010.
2. Économie réalisée entre le plafond d'emplois 2009 et le plafond d'emplois 2010 en tenant compte des retraitements effectués (décentralisation, migration vers les opérateurs).

11.

L'allergie à la performance

Au sommet de l'État, c'est bien connu, on ne parle pas d'argent. D'intérêt général si l'on veut, mais de compte en banque, jamais. Par exemple, qui sait que le dernier secrétaire général de l'Assemblée nationale, agent de la fonction publique, gagnait tous les ans plus que le président de la République ? Qui connaît son nom ? Personne. Et pourtant, il était l'un des fonctionnaires les plus puissants de France. Au moment de la réforme constitutionnelle, il a mis en musique les débats, jouant un rôle important en coulisse.

La vraie-fausse démocratie

« La démocratie irréprochable, ce n'est pas une démocratie où l'exécutif est tout et le Parlement rien. C'est une démocratie où le Parlement contrôle l'exécutif et a les moyens de le faire », proclamait le candidat Sarkozy lors du grand meeting de lancement de sa campagne, le 14 janvier 2007. Il s'était même prononcé pour la création d'un organe d'audit indépendant

qui aurait travaillé à l'évaluation des dépenses publiques pour le Parlement.

Ce qui a donné un nouvel article 24 dans la Constitution, disposant : *« Le Parlement vote la loi. Il contrôle l'action du gouvernement. Il évalue les politiques publiques. »* Une bien modeste avancée.

Depuis a été créé à l'Assemblée nationale un Comité d'évaluation et de contrôle de la dépense publique. Ce CEC n'a encore commis que quatre rapports, dont un, très bon, sur les autorités administratives indépendantes, par René Dosière et Christian Vanneste. Même s'il travaille sur des sujets importants comme le coût de l'Aide médicale d'État, son existence reste encore totalement confidentielle.

Par exemple, lors de la récente crise de la dette publique, aucune prise de position n'a été communiquée par ce Comité pourtant dirigé par le président de l'Assemblée nationale, Bernard Accoyer lui-même. Et le travail entre Parlement et Cour des comptes pour évaluer les politiques publiques reste quasiment inexistant.

L'obsession de l'administration : éviter les contrôles du Parlement

Ainsi, alors que la situation des finances publiques est de plus en plus tendue en France, les dépenses publiques continuent d'augmenter chaque année.

Un système existe pourtant pour permettre à

nos parlementaires de faire contrepoids aux fonctionnaires. Nommés en début de législature, les quarante-trois députés rapporteurs spéciaux de la commission des Finances sont chacun chargés de contrôler, tous les ans, une partie des 285 milliards d'euros de budget de l'État. Chaque rapporteur spécial est tenu de déposer, avant l'examen du projet de loi de finances, un rapport spécial faisant un bilan de l'exercice précédent, évaluant la dépense et donnant des pistes pour le vote des crédits.

Dans ce cadre, chacun d'eux dispose, pour évaluer au plus près la dépense, du pouvoir de « *contrôle sur pièces et sur place* » (dans les administrations ou les associations subventionnées par l'État). Ce pouvoir est illimité. Le rapporteur spécial peut arriver quand il le souhaite dans l'administration qu'il veut contrôler, même si l'usage veut qu'une lettre prévienne de sa visite quelque quarante-huit heures auparavant. Pourtant, ce pouvoir n'est pratiquement jamais utilisé.

En effet, chaque année, ce sont seulement entre trois et six contrôles sur pièces et sur place qui sont effectués par les députés. Éric Woerth, alors député et rapporteur spécial de la commission des Finances, expliquait : « *À l'Assemblée, nous n'avons aucune méthodologie pour le contrôle de la dépense. Alors que, dans le privé, on passe des semaines à auditer à plusieurs une PME, nous pouvons à peine consacrer deux semaines à notre rapport spécial.* »

Charles de Courson, député Nouveau Centre (ex-UDF) de la Marne et ancien magistrat de la Cour des comptes, explique que « *la majeure partie des rapports spéciaux sont rédigés par les administrateurs de la commission des Finances et la plupart des rapporteurs spéciaux découvrent leur rapport au moment de le signer* ». Traduction : l'administration concernée répond à un fonctionnaire qui rédige le rapport à la place du parlementaire. Concrètement, l'administration n'est donc jamais auditée par le Parlement !

Les fonctionnaires sont très conscients de ce privilège : il n'y a qu'à voir le tollé qu'avait provoqué, en 2004, un amendement visant à ce que les rapporteurs spéciaux puissent se faire assister dans leur mission de contrôle sur place des administrations par des experts extérieurs. Cet amendement aurait été capable, selon un conseiller du cabinet de Francis Mer, alors ministre de l'Économie et des Finances, d'« *engendrer potentiellement la plus grosse réforme institutionnelle de la législature* ». Il avait alors déclenché une menace de préavis de grève des administrateurs des commissions des Finances de l'Assemblée et du Sénat en pleine discussion budgétaire… pour le seul plaisir d'empêcher que des cabinets d'organisation privés osent jeter un œil sur la dépense publique.

Le plus surprenant dans cette histoire a été de voir le ministre du Budget (Alain Lambert), le rapporteur général du Budget (Gilles Carrez) et le président de la commission des Finances (Pierre Méhaignerie), trois des personnages de l'État dont la première mission est aujourd'hui d'arriver à réduire la dépense publique, se coaliser pour faire échouer la seule mesure qui aurait permis au Parlement de pouvoir commencer à vraiment contrôler les dépenses publiques. Incompréhensible si l'on ne réalise pas que leur réponse est en fait la réponse du lobby des administrateurs de l'Assemblée, dont ils ont tous une peur bleue !

On se retrouve avec un dispositif de contrôle de l'efficacité de la dépense publique où ceux qui peuvent sanctionner, les parlementaires, n'en ont pas les moyens, et où ceux qui ont ces moyens (les magistrats de la Cour) n'ont aucun pouvoir !

L'usine à gaz

Dès 1998, un groupe de députés réunis par Laurent Fabius, à l'époque président de l'Assemblée nationale, avait constaté que le Parlement français ne jouait pas son rôle. En effet, les parlementaires ne discutaient vraiment que les dépenses nouvelles, soit… 6 % des crédits. Ainsi est née en 2001 une réforme mutante : la Lolf, loi organique relative aux lois de finances, qui, budgétairement, ressemblait à une révolution.

Cette nouvelle organisation, contrairement à ses objectifs déclarés, a réduit la possibilité pour les parlementaires d'agir sur le budget. Il était en effet possible à un parlementaire de remettre en cause le budget de l'administration en présentant un amendement de suppression de l'un des postes de moyens. Avec la Lolf, l'unité élémentaire du budget, le programme, est un trop gros morceau pour pouvoir être totalement supprimé. Et à l'intérieur d'un programme, supprimer un poste (subdivision du programme) n'a plus d'impact, grâce à la fongibilité asymétrique qui permet à l'administration de virer un crédit d'un poste à l'autre. Ce qui minimise considérablement la portée des efforts faits en matière d'économies !

Pour l'administration, en réalité, cette loi n'était pas dévolue à la baisse de la dépense publique. Elle a été transformée en un formidable alibi pour repousser à plus tard un certain nombre de changements sur le mode : « *Vous souhaitez une réduction de la dépense publique ? La Lolf va vous l'apporter. Attendez sa mise en place.* » Et rien n'est venu.

Les indicateurs de performance en sont l'exemple. Ils devaient évaluer objectivement les performances des services publics et ont souvent été conçus pour montrer à quel point l'administration était déjà très efficace. L'administration a vu, en effet, le danger qui la menaçait : supprimer les services peu voire pas performants, et a habilement manœuvré pour écarter ce risque, d'abord en retardant au maximum la publication des indicateurs, ensuite en multipliant ceux-ci, noyant ainsi les plus pertinents parmi d'autres qui le sont peu, ainsi qu'en écartant ceux qui l'auraient obligée réellement à faire des efforts pour s'améliorer. Cet empilement d'indicateurs n'aboutit à rien de plus qu'à un sentiment de confusion généralisé sous des aspects de grand ménage.

Le président de la commission des Finances du Sénat, Jean Arthuis, est ainsi le premier à se poser la question dans un rapport de mars 2005 intitulé *Lolf : culte des indicateurs ou culture de la perfor-*

mance[1] *?*, dans lequel il déplore que « *les indicateurs proposés ne [soient] manifestement pas imputables au programme correspondant, soit qu'ils relèvent davantage du contexte (national, européen voire planétaire !), soit que leur évolution dépende plutôt des moyens d'autres programmes et/ou d'autres acteurs de l'action publique. En quoi la part des actifs ayant un emploi dans les zones rurales permet-elle de mesurer l'efficacité des aides publiques en faveur du développement de l'emploi en zone rurale ?* ».

Jean-René Brunetière, ingénieur général des Ponts et ancien directeur de cabinet de Claude Évin au ministère de la Santé, a beaucoup réfléchi sur le sujet. D'une part, il trouve que « *tous les indicateurs ne remplissent pas cette fonction de manière pleinement satisfaisante. Certains indicateurs composites sont en effet tellement complexes qu'ils sont obscurs pour le citoyen moyen, comme, sans doute, pour nombre de parlementaires* ». D'autre part, il pense que « *la consultation des intéressés pourrait enfin favoriser l'émergence de nouveaux indicateurs aujourd'hui absents du budget de l'État, parfois plus dérangeants pour l'administration, mais plus représentatifs des problèmes réels. Des chiffres comme le taux de surpeuplement des prisons, le nombre de sans-abri non secourus...* ».

Pour être fiables, certains indicateurs, comme les taux de satisfaction obtenus par des enquêtes, devraient être mesurés par des organismes extérieurs. Que peut valoir un taux de satisfaction

1. *Lolf : culte des indicateurs ou culture de la performance ?*, Rapport d'information n° 220 (2004-2005) de Jean Arthuis, fait au nom de la commission des Finances, déposé le 2 mars 2005.

calculé à partir d'un questionnaire rempli devant vous par votre contrôleur ? Que signifie un indicateur de « qualité des réponses au téléphone » établi par les agents du ministère eux-mêmes ?

Quand l'administration s'autocontrôle...

Parallèlement fleurissaient les initiatives de contrôle des dépenses par les administrations elles-mêmes. En 2003, ce sont les SMR, ou stratégies ministérielles de réformes, qui voient le jour sous la houlette de Francis Mer. En 2005, ce sont « les audits de modernisation de l'État », lancés par Jean-François Copé qui sont instaurés. Ces audits, principalement conduits par les corps d'inspection de l'État, concernent chaque ministère. En réalité, pour la plupart, ce sont les ministères qui ont choisi les sujets des audits.

Les résultats sont publiés sur le site performance-publique (www.performance-publique.gouv.fr). Mais seuls huit des trente-sept rapports d'audits de modernisation de l'État chiffraient l'économie que produirait l'application de la réforme proposée, les autres se cantonnant généralement à un lapidaire : « Impact attendu : gains de productivité. » Une provocation.

Dans tous les domaines économiques, 20 % des activités engendrent 80 % des dépenses. Il est toujours tentant, comme l'a fait le ministère du Budget, de se pencher sur les 20 % de dépenses restants. Sous la houlette des corps d'inspection de l'État, les audits de modernisation ont traité de nombreux sujets... pour la plupart marginaux. Quel impact peut avoir le rapport d'audit sur « *La gestion des véhicules en fourrière* », ou « *La rémunération des stagiaires de la formation professionnelle* » ? Ils représentent entre un pour cent et un pour dix mille du budget des ministères contrôlés.

D'ailleurs, quelques années plus tard, le 20 mai 2010, la conférence sur les déficits publics rappelle encore que, pour revenir à 3 % de déficit public, il faut impérativement diminuer les dépenses publiques de la France de 50 milliards d'euros par an. Mais qui s'en occupe ? Une chose est sûre, certainement pas les responsables, dans les ministères, de la révision générale des politiques publiques (RGPP) – qui a succédé aux mystérieuses SMR. Ce sont quasiment tous des énarques, formés à ne rien changer. Et ce n'est pas la RGPP à elle seule qui résoudra l'équation. Cette démarche, lancée en juillet 2007 par Nicolas Sarkozy et François Fillon, consisterait à « *passer en revue toutes les missions de l'État pour adapter les politiques menées aux besoins des citoyens, valoriser le potentiel humain de l'administration et dégager des marges de manœuvre permettant de financer les nouvelles politiques dont la France a besoin*[1] ».

Dans ce cadre, pratiquement aucune mesure n'est chiffrée en économies espérées, voire réali-

1. Circulaire du Premier ministre aux ministres sur la RGPP et la mise en œuvre des décisions du Conseil de la modernisation des politiques publiques.

sées. Comme le rappelle la Cour des comptes, les résultats de la RGPP se chiffrent pour l'instant entre 1 et 2 milliards d'économies au maximum sur un budget de 285 milliards d'euros. Le seul domaine dans lequel quelques économies ont été réalisées, c'est dans le cadre du non-remplacement d'un fonctionnaire sur deux partant en retraite. Ces modestes résultats soulignent à quel point la réforme de l'État doit s'inscrire dans un engagement politique fort. Mais faut-il vraiment l'engagement ferme du président de la République pour modifier les horaires d'accueil du 39 39 – Allô service public ? C'est surtout au Parlement et à la Cour des comptes de s'expliquer.

Ressources humaines ingérables

Une expatriée travaillant à l'ambassade de France aux États-Unis d'Amérique témoigne : « *Je savais en bouclant mes valises pour l'Amérique du Nord qu'un nouveau monde serait à découvrir. Mais ce que je ne savais pas encore, c'est que j'allais surtout découvrir les rouages de la représentation culturelle française à l'étranger, une administration qui ne connaît pas la gestion des ressources humaines, l'audit, et encore moins l'efficacité !* »

La gestion des ressources humaines est, il est vrai, particulièrement aberrante dans le secteur public. Un recrutement absurde, pas d'évaluation systématique de la performance et un avancement qui se fait à l'ancienneté. Bref, un cadre légal totalement dépassé. Plongée dans un système qui voudrait vivre en autogestion.

Surprise : en dépit des idées reçues, un système de notation individuelle de la « productivité » des fonctionnaires existe bel et bien dans la fonction publique. Il a même été mis en place dès 1946 afin que les personnels soient évalués. Le Conseil d'État le décrit en 2003 comme une *« approche relativement simpliste du statut [...] prévoyant des primes de rendement, notamment pour les agents ou groupes d'agents "ayant dépassé, au cours de l'année considérée, les normes de rendement fixées pour chaque administration ou service par le ministre intéressé"*[1] ».

Peine perdue, cela n'a jamais été le cas. La notation a été dévoyée pour devenir ce que le magazine – de gauche – *Alternatives économiques* décrivait en septembre 2010 comme un *« exercice fastidieux qui dure des mois et mobilise des centaines de fonctionnaires. Il s'agit de classer les agents par ordre de "mérite", ce qui suppose de les noter, chacun dans son service, de réunir ces notes, de les harmoniser entre services, de fabriquer des listes, qui sont longuement discutées et négociées avec les délégués du personnel. Tout cela pour un effet dérisoire : on accélère un peu l'avancement d'une proportion du personnel fixée à l'avance en fonction du budget, et le plus souvent, les "perdants" de l'année A se rattrapent l'année A + 1 ou A + 2. »*

L'ancien Premier ministre Michel Rocard déplore aussi cette supercherie dans une interview donnée en janvier 2008 au *Figaro* : *« Le système de*

1. « Perspectives pour la fonction publique », rapport public 2003.

notation ne marche pas. Tout le monde a la même note ! Soit entre 18 et 19,5/20 ! Il faut que la notation serve à quelque chose... » Le système de la notation « infantilise » les agents en attribuant systématiquement des bonnes notes et les élus qui se sont mis en tête, à un moment ou à un autre, de noter réellement leurs personnels s'en sont tous mordu les doigts.

L'esprit originel du système a été sacrifié sur l'autel de l'égalitarisme. Résultat ? Aujourd'hui, « *95 % des agents progressent purement à l'ancienneté [...]. Inutile de préciser que c'est une machine à produire une quantité considérable de frustration, tant pour les collaborateurs que pour les managers*[1] », selon *Alternatives économiques*.

Une usine à gaz absurde qu'explique Jean-Charles Ringard, inspecteur d'académie, directeur des services départementaux de l'Éducation nationale de Seine-Saint-Denis, en janvier 2004[2] : « *Dans certains établissements de mon département, il est clair que l'objectif de paix sociale prime sur le souci de la performance. Les chefs d'établissement notent leurs enseignants, mais leur notation est barémée, ce qui signifie qu'elle fonctionne sur le principe des catégories, aux antipodes d'une logique de cas individuels. Le poids de la note dans le développement de carrière de l'enseignant est purement symbolique.* »

1. Marc Mousli dans *Alternatives économiques*, le 8 septembre 2010.

2. Colloque de l'Institut de l'entreprise, « La fonction publique à l'heure de la performance : quelle gestion des ressources humaines pour l'État ? », 2004.

Devenue souvent inutile et énergivore, la note n'a pourtant pas pu être supprimée. En effet, même symbolique, la bonne note... plaît aux fonctionnaires, comme en témoigne Francis Mauss, directeur des ressources humaines du conseil général de Meurthe-et-Moselle : *« En 1999, au conseil général de Meurthe-et-Moselle, nous avions essayé de la supprimer, mais certains agents ont déposé un recours devant le tribunal administratif qui nous a obligés à rétablir la notation ! »*

Comme le remarque la Cour des comptes en 2006 : « *Le constat général est celui d'un égalitarisme confortant les défauts de la gestion administrative : notations non discriminantes, impuissance des procédures disciplinaires, avancements à l'ancienneté plutôt qu'au mérite y compris pour les dirigeants, forfaitisation des primes*[1]. »

Pourtant, tous les agents publics ne partagent pas cette vision égalitariste, et nombreux sont ceux que décourage cette évaluation collective. Un professeur témoignait en 2008 : *« La fonction publique est trop souvent associée à une image d'immobilisme pantouflard. Pourtant, je rêve moi aussi de plan de carrière, de prise de responsabilités, etc. Mais le parcours de progression est lent et compliqué voire opaque (notation administrative) [...]. »*

Cette logique d'avancement à l'ancienneté saupoudrée de notation devrait disparaître dès 2012, pour être remplacée par un entretien d'évaluation

1. Rapport de la Cour des comptes, « Coût et organisation de la gestion des ressources humaines dans l'administration », janvier 2006.

(annuel) par agent. Un décret, publié le 30 juillet 2010, a entériné ce changement qui devrait s'appliquer aussi aux fonctions publiques hospitalière et territoriale à l'horizon 2014-2015. La suppression des critères collectifs, par corps, inquiète fortement les syndicats et il n'est pas impossible qu'ils réussissent in fine à inclure des critères collectifs !

Ainsi, Anne Feray, cadre syndicale à la FSU, se demande : *« L'individualisation du système va supprimer les critères collectifs : sur quoi va-t-on comparer les agents ? »* Ce que craignent surtout les syndicats, au risque de démotiver les personnels les meilleurs, c'est bien qu'il y ait un chef identifiable dans la pyramide. Mais qu'ils se rassurent, le risque est faible.

D'ailleurs, les modifications statutaires ne réussissent parfois qu'au terme d'un processus anormalement long. La modification des règles de la notation dans la fonction publique de l'État fixées par le décret du 5 février 1959 n'a ainsi pu être opérée que par le décret du 29 avril 2002, après retrait d'une première version de l'ordre du jour du Conseil supérieur de la fonction publique de l'État en 1990. Soit plus de quarante ans de retard !

Neuf ministères se sont portés volontaires, en 2008, pour être les « expérimentateurs » de ce nouveau dispositif[1]. Lors du bilan en 2010, il a été

1. http://secteurpublic.sia-conseil.com/20090909/de-la-notation-a-lentretien-professionnel-vers-une-reforme-du-management-dans-le-secteur-public/

décidé de généraliser ces entretiens à tous les agents. Il s'agira désormais d'une évaluation écrite, communiquée à l'agent, et non plus chiffrée. En sortant du système de la notation, « *on gagnera en latitude pour attribuer les coups de pouce* », explique-t-on avec un humour involontaire au secrétariat d'État à la Fonction publique.

Il s'agit cependant d'un petit pas vers une véritable gestion des ressources humaines. L'outil n'est malheureusement pas tout à fait au point dans certains ministères. Ainsi, la trame d'entretien/fiche d'évaluation proposée par le ministère de l'Éducation nationale reste encore très administrative, en droite ligne du système de notation à l'ancienneté préexistant. Sur deux pages, le document préparatoire à l'entretien annuel en consacre une entière à la description de l'état civil du professeur, aux études qu'il a suivies, à ses grades, son échelon et au concours qu'il prépare éventuellement. La seconde page regroupe les commentaires de l'enseignant sur le cœur du sujet : « vos projets et dossiers en cours ou réalisés », « vos perspectives de développement dans l'établissement » (devenir professeur principal par exemple), « évolution professionnelle et personnelle ». Le moins qu'on puisse dire, c'est que la partie dédiée à un bilan des activités et des performances du professeur est réduite à la portion congrue !

Les réfractaires

C'est dans l'Éducation nationale que l'entretien individuel de performance semble le plus difficile à mettre en place. En effet, la plupart des enseignants et la quasi-totalité de leurs syndicats veulent conserver la méthode actuelle de non-gestion des carrières des professeurs, où les notes sont toutes les mêmes, peu ou prou, pour un établissement donné.

Il semble donc inévitable de confier une part non négligeable de l'évaluation desdits professeurs aux responsables, même si, comme le font remarquer certains syndicats, « *l'évaluation par le directeur nuirait aux relations entre collègues* ». C'est peut-être vrai. Mais la qualité de l'enseignement et le développement des enseignants doivent-ils être sacrifiés au confort des enseignants ?

En Suède, l'équipe de direction ne sépare pas l'évaluation des résultats des élèves de l'établissement de l'évaluation des enseignants, car c'est cette évaluation qui va être l'un des éléments servant à déterminer le montant du salaire, fixé par le chef d'établissement en accord avec les élus syndicaux. La progression classique à l'ancienneté étant en voie d'abandon, le chef d'établissement utilise cinq critères pour asseoir son jugement : compétence, formation, capacité d'initiative, travail en équipe, difficulté du poste. Enfin, une certaine proportion, en hausse, de la masse salariale est intégralement consacrée à la rétribution au mérite. Est-ce vraiment impossible de s'inspirer d'une telle expérience ?

Il semble donc de bonne politique de pousser les écoles françaises, et les professeurs entre eux, à une saine émulation. Pour Jean-Robert Pitte, docteur ès lettres et président de l'université Paris-Sorbonne entre 2003 et 2008, les méthodes actuelles d'évaluation des enseignants-chercheurs sont peu satisfaisantes : « *Personne ne se remet en cause soi-même et donc ne s'autoévalue. Les conseils scientifiques des universités, CNU, AERES, comités nationaux du CNRS, etc., laissent beaucoup à désirer du fait des petits arrangements entre amis et règlements de comptes qui tiennent trop souvent lieu d'évaluation réelle.* » Pourtant, il devient urgent d'évaluer objectivement les performances individuelles du corps enseignant et professoral.

Depuis plus de vingt ans, la haute fonction publique française a officiellement pris conscience de l'importance de la gestion des ressources humaines[1], mais la gestion des personnels reste encore aujourd'hui une fonction administrative. Une fois la personne titularisée, la gestion se limite bien souvent à un simple suivi administratif et à l'application des règlements[2].

---

1. Serge Vallemont, « *Gestion des ressources humaines dans l'administration : rapport au ministre de la Fonction publique, de la Réforme de l'État et de la Décentralisation* », ministère de la Fonction publique, de la Réforme de l'État et de la Décentralisation, janvier 1999.

2. « *Pour tirer le meilleur parti de ces atouts, il convient d'avoir de la fonction Personnel une conception élargie dépassant la seule dimension "administration du personnel"* », *ibid.*

Une bonne gestion doit pourtant prendre en compte un certain nombre de facteurs, à commencer par le recrutement, mais aussi la gestion des compétences afin d'anticiper les besoins à court terme mais aussi à moyen et long terme. Ensuite, la GRH doit proposer une formation continue pour aider l'agent à maintenir son employabilité, un défi à relever aujourd'hui car 45 % des employés du secteur public estiment manquer de compétences pour faire leur travail[1].

Mais cette logique, inspirée du secteur privé, semble très difficile à mettre en place dans le secteur public malgré des tentatives répétées. « Inutile », « inadaptée », « dégradante », rien n'est trop fort aux yeux des syndicats pour fustiger cette logique « mercantile ». Ainsi, les syndicats assurent-ils que l'engagement initial des personnels « au service du public » suffit à faire passer l'intérêt général avant les intérêts particuliers.

Le système fonctionne donc mal[2]. Il se grippe à la moindre tentative de réformette, comme le fait remarquer un rapport de 2006 sur le coût et l'organisation des ressources humaines dans l'administration : « *Un double constat est aujourd'hui largement partagé : d'une part, celui de la qualité de la fonction publique et des hommes et femmes qui y travaillent, et d'autre part celui de la persistance d'un problème global affectant le fonctionnement et l'efficacité du système qui a cristallisé au fil des ans des défauts dans la gestion de ses ressources humai-*

1. « Rapport annuel sur l'état de la fonction publique », 2008-2009.

2. *Ibid.*

nes. » Pour le rapporteur, une des causes importantes de l'inefficacité du système réside dans « *certains éléments contraignants du système statutaire*[1] » : bref, dans le sacro-saint statut du fonctionnaire.

Ainsi, ce sont toujours les mêmes conflits qui reviennent d'une saison à l'autre. Que dirait-on d'un chef d'entreprise dont les employés protesteraient chaque année à la même époque depuis plus de vingt ans en raison du même dysfonctionnement ? Et pourtant, dans le public, c'est le cas. La presse s'en fait d'ailleurs l'écho puisque, parmi les « marronniers » de la rentrée, on retrouve le malaise enseignant[2], les problèmes de recrutement des personnels médicaux et paramédicaux, le statut et les moyens d'exercer leur fonction pour les directeurs d'écoles[3], le manque de dialogue social dans les entreprises publiques…

Pas de chef !

Ce système, en vérité, prône une doctrine égalitariste. D'ailleurs, les adversaires de l'évaluation au mérite ont des arguments imparables : « *Quand un*

1. Dominique Lacambre, « *Coût et organisation de la gestion des ressources humaines dans l'administration : rapport d'enquête et conclusions du Comité sur le coût et le rendement des services publics* », 2005-2006.

2. *Rapport public particulier sur la gestion du système éducatif*, avril 2003.

3. Pierre Laderrière, « Rapport sur la gestion des ressources humaines dans l'enseignement : où en est l'Europe ? », janvier 2006.

traumatisé de la tête arrive en salle d'op, ce n'est pas le directeur de l'hôpital qu'on va chercher pour l'opérer ! » C'est souvent ainsi que se terminent les discussions sur le rôle de directeur d'hôpital.

Dans les hôpitaux, les médecins – aidés des autres professionnels – ont ainsi réussi à faire adopter par le Parlement une loi permettant de réduire autant que possible le rôle du directeur en l'encadrant de sous-directeurs qu'il n'a pas choisis puisque certains sont élus par les personnels. De plus, dans le public, il existe un émiettement du pouvoir hiérarchique par rapport au personnel soignant : les infirmières veulent être supervisées par des infirmières et non par un service du personnel.

En 2008, le pouvoir de recruter a été au cœur de la contestation dans les universités. Dans l'enseignement secondaire, la nouvelle possibilité accordée aux directeurs des collèges classés en zone d'éducation prioritaire (ZEP) de recruter leurs équipes d'enseignants va dans le bon sens. Elle semble pourtant choquer les journalistes interpellant le responsable de l'établissement : « *Alors, vous allez pouvoir faire votre marché ?* »

Laissons la conclusion au professeur Didier Jean-Pierre : « *L'utilisation du vocabulaire du secteur privé et des entreprises ne choque plus personne et la gestion des ressources humaines dans la fonction publique a définitivement acquis ses lettres de noblesse. Mais plus qu'un simple glissement sémantique, les réformes engagées annoncent des transformations ultérieures beaucoup plus importantes. Que l'on s'en réjouisse ou qu'on le déplore, ni l'esprit de 1946 ni le statut actuel n'en sortent indemnes. Si, aujourd'hui, le statut général de la fonction publique oscille, c'est que le droit de la fonction publique tremble dans ses profondeurs*[1]. » Petit à petit, le mérite et la performance devraient prendre le pas sur l'ancienneté.

1. « *1946-2006 : du statut général des fonctionnaires à la gestion des ressources humaines dans la fonction publique* », extraits de l'étude de Didier Jean-Pierre, agrégé des facultés de droit, professeur de droit public, université Lyon-III (publiée dans la *Semaine juridique Administrations et collectivités territoriales*, n° 42, 16 octobre 2006, p. 1241).

12.

Contractuels : les nouveaux intouchables

« *De l'avis général (personnels, syndicats, employeurs, experts), le contractuel de l'administration apparaît hélas aujourd'hui, dans la majorité des cas, comme un salarié de second ordre. Il n'est ni un véritable fonctionnaire, ni un véritable salarié de droit privé*[1] », affirmait Jean-Ludovic Silicani, en avril 2008, dans un *Livre blanc sur l'avenir de la fonction publique.*

Il y a deux sortes d'intouchables dans la fonction publique : ceux dont les postes ont été acquis comme récompense suprême après avoir franchi avec succès les lourdes portes des concours, et ceux qui seront toujours considérés avec mépris quel que soit leur rang. Est-ce tout à fait normal ?

1. Jean-Ludovic Silicani, *Livre blanc sur l'avenir de la fonction publique*, Conférence nationale sur les valeurs, les missions et les métiers du service public et de la Fonction publique, avril 2008.

Le revers du statut

Comment faire, avec un statut aussi rigide que celui de la fonction publique, pour ajuster en permanence le nombre d'enseignants aux besoins des écoles ? Ouvrir plus de places dans les concours du Capes et de l'agrégation, puis envoyer une semaine un professeur à Lyon, l'autre semaine à Lille, et encore quarante-huit heures à Brest ? Impossible, sauf à aggraver encore le déficit de l'État. La seule solution est d'embaucher sous contrat des personnels précaires qui voudront bien faire le boulot. Souvent à la place des titulaires. Aujourd'hui, la fonction publique française compte un million de contractuels.

Si l'article 3 de la loi du 13 juillet 1983 pose le principe selon lequel les emplois du service public administratif sont occupés par des fonctionnaires, il autorise également des dérogations. Dans l'esprit du statut actuel, l'emploi de fonctionnaires est donc la règle et le recours aux contractuels l'exception[1]. En pratique, les employeurs publics ont besoin du contrat, moins rigide que le statut des fonctionnaires, pour faire fonctionner le service public au quotidien.

Ce recours accru à des contrats courts vaudrait à toute entreprise privée les foudres de la justice, comme le remarque le Médiateur de la République dans son rapport annuel 2007 : « *La façon*

1. *Ibid.*

qu'ont certaines administrations de recruter et de payer leurs contractuels ou stagiaires n'est en aucune façon exemplaire. Pas une entreprise en France n'échapperait à la condamnation si elle adoptait les mêmes pratiques ! » Le témoignage d'une contractuelle d'université est probant : « *Même sortant d'une période de chômage, ce qui est mon cas, je ne suis payée qu'au mois de décembre, encore une incurie de l'État qui stigmatise pourtant le mauvais comportement des patrons du secteur privé.* »

Ces contractuels peuvent être recrutés pour couvrir un besoin occasionnel (par exemple un professeur de mathématiques pourra être recruté pour l'année scolaire, soit dix mois, au collège, en l'absence d'un titulaire fonctionnaire). Les contractuels peuvent aussi être recrutés pour des durées beaucoup plus courtes (saisonnier), ou à temps partiel ; c'est le cas, notamment, des « techniciens de surface », ou des animateurs des centres de loisirs des collectivités locales, quand il n'y a pas assez d'animateurs fonctionnaires (catégorie B ou C).

Lorsque ces contractuels sont du niveau de la catégorie A ou qu'il n'existe pas de corps susceptible d'assurer les fonctions correspondantes, ils peuvent être engagés pour une période maximale de trois ans renouvelable[1]. C'est le cas notamment des contractuels dans les ambassades françaises à

---

1. Commission de réflexion sur l'avenir des personnels de l'enseignement supérieur, Rémy Schwartz, ministère de l'Enseignement supérieur et de la Recherche, juillet 2008.

l'étranger, ou bien dans les ministères (en particulier Bercy).

Au 31 décembre 2007, la fonction publique comptait 5,3 millions d'agents, soit 21 % de l'emploi total (salariés et non salariés) en France[1]. Sur cet ensemble, les fonctionnaires représentent près de 75 %, les contractuels, plus de 20 %, les autres agents – ouvriers d'État, assistantes maternelles des collectivités territoriales et médecins des hôpitaux publics, qui relèvent de régimes juridiques spécifiques – environ 4 % du total. Dans certains ministères, la Culture par exemple, plus de la moitié des agents sont contractuels ! L'État n'est pas seul concerné : les hôpitaux et les collectivités locales emploient aussi beaucoup de contractuels. La proportion des non-titulaires dans la fonction publique locale est actuellement de 23,5%.

Or ces agents, mal considérés, sont plus ou moins maltraités par les titulaires qui se considèrent, du fait de leur réussite à un concours, même lointain, comme la noblesse du service public.

Les contractuels sont ainsi obligés, sous peine de résiliation du contrat (sans allocation chômage), d'effectuer les heures supplémentaires refusées par les fonctionnaires, ou de remplacer au pied levé des collègues absents. Les titulaires, eux, ont droit à tout : primes, contrats à vie, avantages et reconnaissance sociale… Les contractuels – même s'ils peu-

1. Rapport annuel sur l'état de la fonction publique, 2008-2009.

vent rester vingt ans en poste – et les vacataires[1], eux, n'ont droit qu'à une chose : la précarité.

Le Médiateur de la République s'indigne de la situation des vacataires et des contractuels dans l'enseignement secondaire : « *Souvent payés avec plusieurs mois de retard et ne pouvant travailler plus de deux cents heures par an, rares sont ceux qui perçoivent des allocations chômage ou des indemnités de congés payés. Les contractuels connaissent également de nombreuses interruptions de service et peinent face aux faibles possibilités de requalification en CDI ou d'accès à la titularisation par les concours internes.* »

Autant les conditions d'embauche des titulaires sont plus que précises, autant celles des contractuels sont floues. Comme en témoigne cet agent contractuel dans une université : « *Nous pouvons piétiner et demeurer "sans grade", c'est ce qui est inscrit sur votre bulletin de paye, pendant quinze années et plus [...]. Nous partons donc de zéro pour arriver à zéro.* »

Les contractuels sont également, pour la plupart, moins bien payés que les titulaires, même pour des postes identiques. Ainsi, en 2006, le salaire net annuel moyen des agents non titulaires de l'État était de 25 326 euros, contre 28 597 euros pour les titulaires[2]. Le statut garantit aussi le droit à un temps plein, au détriment d'un contractuel, même si ce dernier donne plus satisfaction que le fonc-

1. Un vacataire de l'Éducation nationale est embauché pour deux cents heures maximum dans l'année scolaire, tandis que le contractuel peut travailler jusqu'à dix-huit heures par semaine, parfois sur toute l'année scolaire.

2. Source : *Insee Première*, octobre 2008.

tionnaire en question (38 % des non-titulaires de l'État travaillent à temps partiel ou non complet alors qu'ils sont 12 % parmi les titulaires). Même constat dans l'enseignement supérieur et la recherche : alors que le salaire d'un agrégé pourra doubler en peu de temps, le salaire d'un contractuel n'évoluera presque pas.

Cette situation est connue de tous ; cependant, personne n'y remédie. Quant à ceux qui se plaignent trop ouvertement auprès de leurs collègues fonctionnaires, ils reçoivent invariablement la même réponse : « Tu n'as qu'à passer le concours. »

En effet, la multiplication des contractuels dans le secteur public n'est pas du goût de tout le monde. Entre la rigidité des acquis sociaux et la flexibilité des contractuels, certains syndicats de fonctionnaires ont pu s'inquiéter de la concurrence... des contractuels ! En réalité, ces syndicats ne défendent souvent les contractuels qu'à la marge et ne se battent pas vraiment contre leur précarisation.

Les contractuels sont embauchés sous contrat de droit public. Ainsi, les « contrats », également appelés CDD et CDI, n'ont rien à voir avec des contrats de droit privé. Ils sont de nature très spécifique, nettement différente de celui des salariés soumis au code du travail. Par exemple, un contractuel en litige avec son employeur ne se retrouve pas aux prud'hommes mais au... tribunal administratif. Pourtant, jusqu'en 1996, les salariés soumis au droit du travail coexistaient dans les administrations avec les contractuels de droit public. Mais les juges, un beau jour, sous prétexte qu'ils trouvaient trop compliqué de distinguer les uns des autres, décidèrent qu'il fallait les traiter tous comme des agents publics : c'est la jurisprudence dite « Berkani », du nom d'un aide de cuisine au Centre régional des œuvres universitaires et scolaires (Crous) de Lyon.

Depuis 1996, donc, tous les non-fonctionnaires *« travaillant pour le compte d'un service public à caractère administratif »* sont des agents contractuels de droit public *« quel que soit leur emploi »*. Un cuisinier, un serveur de restaurant ne doivent donc pas être soumis au code du travail si ce restaurant est scolaire, universitaire ou administratif. Les hommes ou les femmes de ménage qui balaient, le soir, les locaux de la sous-préfecture sont des salariés de droit privé si c'est une société de service payée par l'État qui les emploie, mais non si c'est l'État lui-même, et ainsi de suite. Une situation révélatrice d'une forme de ségrégation qui ne dit pas son nom.

En outre, les contractuels de la fonction publique sont, depuis la loi du 26 juillet 2005, de deux ordres : ceux qui bénéficient d'un contrat à durée déterminée et ceux qui sont sous le régime du CDI de droit public. Cette nouveauté a été mise en place sous l'impact du droit communautaire[1]. La volonté affirmée était de faire coïncider droit public et droit privé sur la notion de contrat. Jusqu'à cette date, l'administration pouvait renouveler, arbitrairement et contrairement à ce qui est autorisé dans les entreprises privées, un CDD de façon illimitée. Et elle ne s'en privait pas.

---

1. Jurisprudence de la Cour de justice des communautés européennes (CJCE).

Désormais, tout contractuel en CDD dans la fonction publique employé depuis plus de six ans doit être reconverti en CDI. Cette création a placé le gestionnaire des ressources humaines dans les administrations concernées devant une situation inédite. En effet, le recours aux CDD était habituel et n'entraînait aucune difficulté dans la gestion de carrière, seul le renouvellement suffisait. Aujourd'hui, avec cette tendance à recourir au CDI, une vraie difficulté apparaît. Elle se matérialise par la gestion de personnels sous contrat par opposition à celle sous statut. Habituée à l'absence de négociation pour les personnels sous statut, l'administration est culturellement incapable de comprendre la notion même de contrat.

Seuls les agents de plus de cinquante ans, cumulant plus de six ans de service au moment du vote de la loi, ont bénéficié d'un régime de faveur et ont été basculés en CDI de manière automatique. Ils étaient, selon les chiffres de la DGAFP, 8 932 dans ce cas, dont 68 % rien qu'à l'Éducation nationale, à avoir bénéficié d'un CDI. Quant aux agents des établissements de santé, leur changement de statut a été également marginal[1].

---

1. Vingt et un agents non titulaires de la fonction publique hospitalière ont bénéficié d'une reconduction de leur contrat en CDI dans les établissements de santé relevant de l'Assistance publique-Hôpitaux de Paris (AP-HP), sur un total de 74 111 agents. *Source* : rapport parlementaire des députés Derosier et Pancher sur la mise en application de la loi n° 2005-843 du 26 juillet 2005 portant diverses mesures de transposition du droit communautaire à la fonction publique.

D'ailleurs, depuis cette loi, collectivités et ministères ont trouvé la parade. Si le ministère des Affaires étrangères, qui emploie deux tiers de contractuels, a dû transformer en CDI les CDD de 300 non-titulaires en 2007, à la suite de la loi de 2005, il n'entend pas recommencer. Ainsi, les contractuels des ministères des Affaires étrangères ou encore de Bercy sont prévenus, dès leur premier entretien d'embauche, qu'ils ne peuvent espérer y travailler que pour six ans au maximum (un contrat de trois ans renouvelable une fois), sauf à présenter et réussir les concours de recrutement de la fonction publique. Et la boucle est bouclée. Car, quel est l'élément qui fait la spécificité de l'emploi du fonctionnaire et lui permet de justifier de son emploi à vie, sinon le concours ?

Ce fameux concours, de quelque catégorie qu'il soit, est censé protéger de tout : du chômage, de la baisse d'activité ou de rémunération, même et surtout des heures supplémentaires obligatoires.

Dans cette ligne-là, les syndicats demandent donc en priorité la fin du recrutement des contractuels... Plus de statutaires : oui ; plus de contractuels : non. En effet, plus de contractuels pourrait aussi signifier, à terme, la fin du statut à vie. Titulariser des contractuels équivaudrait à nier la suprématie du concours. Ainsi, au ministère de l'Éducation nationale, l'ancien directeur des personnels enseignants, Pierre-Yves Duwoye, expliquait en 2006 que « *dans un système où l'on a besoin de moins d'enseignants aujourd'hui, nous privilégions le recrutement des étudiants par le concours externe à celui des non-titulaires. Nous n'avons pas besoin de titulariser des gens dont nous n'avons pas besoin*[1] », *sic.* Et cela, même si lesdits contractuels ont l'avantage d'avoir fait leurs preuves sur le terrain, contrairement à nombre de jeunes étudiants ayant brillamment réussi les concours.

Ainsi, tous les plans de titularisation massifs de contractuels n'ont eu aucun effet sur l'inflation de leur recrutement. Cela prouve bien l'inadaptation du statut à une gestion moderne des ressources humaines. « *Entre deux plans de titularisations, le recrutement de contractuels s'est poursuivi inexorablement* », confirme Anne Feray, du Snes (Syndicat national des enseignements du second degré).

Éric Woerth, alors ministre de la Fonction publique, déclarait le 2 février 2010 : « *Il y a des situations normales : des personnes en CDD parce qu'elles répondent à des besoins ponctuels ou des personnes qui ont choisi un CDI, parfois mieux payées que les titulaires. Et il y a des situations clairement abusives : des personnes en CDD à répétition ou en CDI "subi", sur des postes durables, sans raison de ne pas être titularisées.* » En somme, le contrat semble correspondre, sur une longue période, à un besoin structurel des collectivités[2] et des employeurs publics. Même si nombre de fonctionnaires voient avec crainte le statut perdre du terrain. Ainsi Pierre-Yves Duwoye ne voyait comme autre solution que de créer un… « statut de non-titulaire » ! Tout en restant inférieur au statut de fonctionnaire. *Of course.*

1. *La Lettre de l'Éducation*, n° 539, 20 novembre 2006.

2. Jean-Ludovic Silicani, *Livre blanc sur l'avenir de la Fonction publique, op. cit.*

Des agents de second ordre

Dans de nombreuses administrations, on ne confie que très rarement aux contractuels des postes de direction et, plus largement, des postes à responsabilités. Les primes sont différentes et différemment appliquées. D'autre part et de façon irrationnelle, on considère que les salaires des contractuels sont supérieurs à ceux des fonctionnaires à poste comparable, ce qui peut justifier, aux yeux du DRH, l'absence d'attribution de primes aux personnes en CDI.

En ce qui concerne les préoccupations, elles sont culturellement différentes : il y a d'un côté une obligation de moyens chez les fonctionnaires et de l'autre, chez les contractuels, une obligation de résultats. En effet, le fonctionnaire, n'ayant pas la crainte de perdre son emploi, s'attache principalement à l'application des procédures. Le contractuel, en revanche, ayant l'obligation de prouver son utilité en permanence, s'attache aux résultats des missions qui lui sont confiées. Or l'administration a comme tradition le respect des procédures et non la culture du résultat, même si elle prétend vouloir changer cet état des choses.

Pour résumer cette situation, on pourrait dire que le fonctionnaire pense à sa carrière, qu'il favorise en remplissant les missions qu'on lui confie, tandis que le contractuel remplit ses missions sans être sûr de l'impact qu'elles ont sur sa progression dans le cadre professionnel dans lequel il évolue.

Cette culture de résultat positionne le CDI en développeur, proche de l'état d'esprit du cadre d'entreprise, ce qui ne coïncide pas avec la mentalité d'obéissance hiérarchique des fonctionnaires.

La volonté de différencier les contractuels des autres, de ne pas « être reconnu comme personnel à part entière » alors même que les postes occupés sont souvent semblables, est le fondement de ce mépris des fonctionnaires envers ces agents.

Ce mépris peut aller plus loin et, dans des cas extrêmes, se muer en harcèlement, profitant du fait que « [...] *très souvent, les tâches ne sont pas définies et par conséquent, on peut toujours reprocher quelque chose à quelqu'un*[1]... ». C'est le cas en particulier de l'université, selon une étude de Christophe Dejours, psychiatre, professeur au Conservatoire national des arts et métiers de Paris. En effet, les statuts précaires (indétermination des fonctions) se prêtent plus facilement qu'ailleurs à ce genre de faits : « *En premier lieu, parce que les enseignants vacataires sont en quête de promotion et d'amélioration de leur statut ; en second lieu, parce que celle-ci passe par la nécessité de faire ses preuves, non seulement en termes d'enseignement, mais aussi d'organisation et de publications. L'enseignant vacataire est donc prêt à dépasser ce qui relève de ses obligations, souvent enthousiasmé par les travaux de recherche et d'encadrement des étudiants. Cet enthousiasme, qui est d'abord et en premier lieu un moteur important d'engagement dans son travail, peut donner prise à son instru-*

1. C. Dejours, « Les différentes formes de mal-être au travail », *Société et Problèmes de santé mentale*, La Documentation française, Problèmes politiques et sociaux, 2004, n° 899.

mentalisation : habitude de non-rétribution des travaux demandés, omission du nom dans la publication des contributions, travaux de traduction non reconnus, propos disqualifiants, mépris[1]*...* »

À l'université de technologie de Troyes, cela se manifeste par la pression... Ainsi, selon André Rivière, militant du Syndicat national de l'administration scolaire et universitaire et des bibliothèques, un proviseur aurait dit à une secrétaire vacataire : « *Je ne sais pas si on pourra vous garder l'année prochaine. Si on peut, on gardera la moitié du corps. Plutôt les jambes, pas la tête.* »

D'après une étude réalisée en Belgique, il semble que les comportements tels que le harcèlement moral, la discrimination, représentent un problème dans le secteur public et pour les contractuels plus souvent que dans le privé, contrairement aux idées reçues. Ainsi, dans cette étude belge, il ressort que « *21 % des travailleurs contractuels affirment avoir été harcelés sur leur lieu de travail au cours des douze derniers mois par rapport à 14 % des fonctionnaires statutaires et 12 % des travailleurs du secteur privé. En outre, 15 % des travailleurs contractuels estiment avoir été victimes de discriminations, par rapport à 11 % des travailleurs du secteur privé et 11 % des fonctionnaires statutaires*[2]. »

---

1. Brigitte Tison, « Note sur le harcèlement moral à l'université », *Éthique et Santé*, vol. 3, n° 2, mai 2006, p. 111.

2. Étude réalisée au mois de mai 2008 par Securex sur la base d'un échantillon représentatif de 1 822 répondants belges, tous travailleurs salariés, et dont les conclusions ont été publiées sur le site RH Tribune, http://www.rhtribune.be/fr/art/3/secteurs-public-et-prive-ne-sont-pas-si-differents.

Il semble bien, d'après cette étude belge, que ces situations relèvent d'un problème lié directement au statut. Trop protecteur, conférant un sentiment de quasi-impunité, il contribuerait, chez certains, à développer une réelle agressivité.

Face à une telle situation, la fausse bonne idée de la titularisation des contractuels est évoquée régulièrement comme la solution miracle. Cette idée va pourtant complètement à l'encontre de ce que connaît le reste de l'Europe où de nombreux pays passent leurs fonctionnaires non régaliens sous contrat de droit privé. Ainsi, proches de nos frontières, la plupart des pays dotés historiquement d'une fonction publique de carrière ont procédé à des réformes profondes de leur statut. Désormais, les agents publics italiens sont pour la plupart soumis au droit commun du travail, à l'exception des magistrats, des militaires, des policiers, des diplomates, des membres du corps préfectoral et des universitaires. Un peu plus loin, la Suède a fait évoluer quasiment tous ses agents publics (sauf les militaires, les policiers, les magistrats et les professeurs de l'enseignement supérieur qui relèvent toujours du statut) sous contrat de droit privé. A fortiori, les rigidités du statut sont la raison de l'embauche de contractuels de droit public. Pourquoi rigidifier un peu plus quand il faudrait plus de souplesse dans la gestion des personnels ?

13.

Et ailleurs ?

Tous les pays d'Europe réduisent leurs effectifs publics depuis une dizaine d'années. Tous, de l'Espagne à l'Allemagne, de l'Italie à l'Angleterre, adoptent peu à peu ce nouveau modèle qui veut que public et privé se retrouvent dans un même système de contrat. Avec la crise financière devenue budgétaire, les principaux pays d'Europe gèlent les salaires de leurs agents publics, voire les baissent.

Été 2010, pendant que tous nos voisins européens s'accordent sur des coupes dans les salaires des fonctionnaires, la France, totalement à contre-courant, négocie avec les syndicats l'augmentation du point d'indice du salaire des fonctionnaires pour un milliard d'euros. À l'heure où la France doit économiser 95 milliards en trois ans, il est surréaliste d'entériner des dépenses de personnel supplémentaires.

Les travers de la fonction publique française sont maintenant bien connus.

En Allemagne, les salaires des ministres et des fonctionnaires sont ainsi gelés en 2011 et quinze mille emplois disparaîtront dans la fonction publique d'ici à 2014. Ces mesures sont déjà importantes, d'autant plus qu'elles s'ajoutent à un effort de décroissance des effectifs publics qui dure depuis le début des années 1990. En effet, peu à peu, la fonction publique allemande est passée de 6,7 millions de personnes en 1991 à 4,5 en 2008[1]. L'Allemagne compte seulement 1,7 million de fonctionnaires sous statut (*Beamte*).

Il faut distinguer outre-Rhin salariés du service public, largement majoritaires, soumis au droit général du travail et à des conventions collectives particulières, et fonctionnaires assermentés (*Beamte*). Pourtant, dans les faits, cette division de l'administration publique a été progressivement harmonisée. Les conditions de statut et de travail sont devenues quasiment identiques, même si, symboliquement, les fonctionnaires conservent un certain prestige. Leur rémunération est calculée à partir d'une évaluation annuelle de leur performance. L'Allemagne est fortement décentralisée avec les Länder, et l'État fédéral ne représente d'ailleurs que 10 % des effectifs.

De plus, l'Allemagne a adopté, avec les lois de 1997 et de 2001, une meilleure gestion de la fonction publique avec des critères de performance et une plus grande marge de manœuvre en matière salariale qui assouplit le principe d'une rémunération identique. Ces mesures ont eu le soutien des organisations syndicales de fonctionnaires. Ainsi, malgré une diminution globale des effectifs, l'Alle-

1. Source : Destatis, Deutschland.

magne a-t-elle réussi à augmenter la productivité et l'efficacité de ses agents publics.

La Grande-Bretagne a réagi avec encore plus de vigueur à la crise de 2008. Par une diminution de 5 % des salaires des ministres, une suppression des voitures de fonction personnelles avec chauffeur attribuées jusque-là aux principaux ministres, et des économies dans les frais de déplacements des ministères (deux milliards de livres). Les emplois des fonctionnaires sont d'ores et déjà gelés et tous les fonctionnaires partant à la retraite non remplacés. Une hausse des cotisations retraites pour les fonctionnaires et un recul de l'âge de départ à la retraite sont à l'étude. Déjà, avec la crise économique, le gouvernement britannique avait annoncé que les salaires de la haute fonction publique allaient subir une baisse de 20 %.

Le ministre britannique des Finances, George Osborne, a expliqué : « *Je sais qu'il y a beaucoup de fonctionnaires dévoués qui travaillent très dur et ne sont pour rien dans cette récession, mais ils doivent porter leur part du fardeau post-crise. Ce pays vivait au-dessus de ses moyens quand la récession est arrivée.* »

Le gouvernement de David Cameron a aussi révélé la liste de 177 agences de l'État qu'il souhaite supprimer pour faire des économies (notamment le Film Council, l'équivalent de notre Centre national de la cinématographie).

La fonction publique britannique compte seulement cinq cent mille *civil servants* sous statut. Ils constituent l'état-major des ministères et des institutions centrales. Les *civil servants* peuvent être démis de leurs fonctions (application du *dismiss at will,* prérogative royale) mais cette application est en fait surtout théorique.

Les autres personnels sont gérés directement par des agences ayant délégation de service public. L'évolution du statut est liée à la mise en place d'une nouvelle organisation de l'action de l'État datant de l'ère Thatcher : le *next steps initiative*. Les emplois ont été administrativement transférés des ministères vers les agences et ce sont elles, maintenant, qui gèrent directement les emplois. Le recrutement a également été transféré de l'Office for Public Service vers les agences.

L'Italie, avec 3,4 millions de fonctionnaires, va dans la même direction en gelant aussi le salaire de ses fonctionnaires jusqu'en 2013. Les salaires des ministres sont réduits de 10 % pour la partie dépassant 80 000 euros par an. Le traitement des fonctionnaires qui touchent entre 90 000 et 130 000 euros annuels diminuera de 5 %. Celui des hauts fonctionnaires gagnant plus de 130 000 euros sera, lui, réduit de 10 %. Le parc automobile mis à la disposition des hommes politiques et institutionnels est réduit de 20 %. On est loin de la France.

La réforme du statut de la fonction publique en Italie a été, il est vrai, l'un des piliers du vaste processus de réforme globale de l'État commencé en 1990 et assumé par la gauche. Entre 1996 et 2001, le ministre italien de la fonction publique, Franco Bassanini, a mené une réforme qui supprimait le statut de la fonction publique, avec l'introduction du contrat de droit privé pour 85 % des fonctionnaires à l'exception des fonctions régaliennes.

Les modalités d'emploi sont aujourd'hui réglées par le droit civil. L'accès à la fonction publique se fait maintenant par un concours national unique.

Franco Bassanini[1] évoque le changement opéré dans les termes suivants : « *Les affectations à vie ont été supprimées. Dans les administrations sous statut de droit privé, les affectations font maintenant l'objet d'un contrat individuel d'une période de trois à sept ans, ce qui offre à l'agent le temps nécessaire pour faire ses preuves. Les agents publics italiens peuvent donc être licenciés, même si, dans la pratique, les renvois sont très rares – avec, par exemple, soixante-douze licenciés pour l'année 2006, dont douze renvoyés ensuite dans l'administration par les juges.* »

Des primes de performance et de résultats ont été instaurées. Elles peuvent doubler le traitement de base. La réforme des années 1990 est en train de rebondir avec le nouveau ministre de la Fonction publique, M. Renato Brunetta. Dans la lignée de Franco Bassanini, il mène des réformes énergiques portant sur l'absentéisme des fonctionnaires, avec pour résultat, en quelques mois, une baisse de 37 % des taux d'absentéisme en juillet 2008 par rapport à juillet 2007. Il a mis également en place, en 2009, une évaluation de la performance des fonctionnaires. « *Ainsi, dans certains services de la mairie de Rome, des écrans d'ordinateur sur lesquels le public peut attribuer une couleur à l'accueil qu'il a reçu ont été installés depuis une semaine à titre expérimental :*

1. Intervention de l'ancien ministre italien de la Fonction publique au colloque organisé en avril 2009 à Sciences-Po par la Fondation iFrap et la Fondapol.

vert pour une bonne prestation, jaune pour un traitement normal, rouge en cas de difficultés. Pour démarrer en douceur, ce système n'a été mis en place que dans les bureaux où les Romains déclarent les nouveau-nés et dans ceux où les étrangers se voient attribuer la citoyenneté italienne. Deux types de situations heureuses où, rarement, le public se plaint..., commente le journal suisse *La Tribune de Genève*, en octobre 2009. *Si les syndicats protestent, le texte de loi [du ministre Brunetta] a été adopté avec l'abstention du Parti démocrate et de l'Italie des valeurs, les deux principaux partis de gauche. Un fait rare dans le climat politique actuel, qui démontre que les Italiens de tous bords ont conscience des lacunes de leur administration.* »

En Espagne aussi, les réformes de l'État ont fait d'énormes progrès ces dernières années. Avec ses 2,4 millions de fonctionnaires pour 44 millions d'habitants, le pays est doté d'une fonction publique proche de la nôtre avec des agents titulaires recrutés par concours et regroupés en quelque deux cent cinquante corps. Mais, en 2007, ce statut a été profondément rénové. Il favorise désormais la mobilité entre les différentes fonctions publiques, instaure le principe de l'évaluation annuelle de l'ensemble des agents et calcule une grande partie de leur rémunération sur le mérite. La promotion pourra être déconnectée de l'ancienneté.

Il est intéressant de noter que, lorsque des réformes ont supprimé le statut, les syndicats ont joué plutôt un rôle d'accompagnement. Ces pays n'ont pas attendu la crise de 2008 pour réformer leurs fonctions publiques, que ce soit en Italie, en Suède, en Allemagne ou au Portugal. Ces pays ont tous, désormais, des agents majoritairement sous contrat de droit privé qui comprennent que, quand il y a crise, on peut avoir besoin de baisser les salaires ou de les geler pour les faire progresser à nouveau après la crise... Seule l'Espagne a connu (ainsi que la Grèce et l'Irlande, dont les situations sont beaucoup plus graves sur le plan budgétaire) des manifestions très fortes face aux décisions de rigueur du gouvernement Zapatero.

Chez nous, au contraire, même un gouvernement de droite se vante de son immobilisme. Il suffit d'écouter, quand on leur demande s'ils seraient prêts à baisser leurs salaires pour donner l'exemple, François Baroin, ministre du Budget : « *À l'heure où je vous parle il n'y a pas de baisse de traitement des fonctionnaires, il est même garanti.* » Ou Éric Woerth, alors ministre du Travail : « *Non, c'est une mesure qui accompagne la baisse du salaire des fonctionnaires au Portugal. En France, les ministres ont une rémunération d'agents publics. Si je devais baisser mon salaire, cela voudrait dire que les salaires des agents publics baissent aussi, ce dont il n'est pas question.* » Seule Christine Lagarde, venant de la société civile, a eu le courage de se prononcer en faveur d'une baisse des salaires et du train de vie des ministres et donc, plus ou moins implicitement, de celui des hauts fonctionnaires à tout le moins. Du côté de la haute administration, seul Jean-Pierre Jouyet a proposé de baisser son salaire de président de l'AMF (300 000 euros par an) de 20 ou 30 %... Mais personne ne l'a suivi.

Bien qu'il sache qu'il est allé jusqu'au bout de la corde, à contre-courant de toutes les grandes démocraties européennes, le lobby de la fonction publique française – bien plus actif que ses confrères européens – continue de croire à son impunité.

L'avenir dira s'il avait ou non raison.

Conclusion

Au terme de cette investigation, il est clair qu'une des plus grandes erreurs de la société française est d'avoir confié à la fonction publique les clés de la gestion de la France.

Notre pays porte encore aujourd'hui les stigmates d'un après-guerre dont nous n'arrivons pas à sortir avec le cadeau fait aux communistes du statut de la fonction publique.

Ciselées année après année avec l'aide de l'énarchie, protections et privilèges en tous genres ont donné un pouvoir sans commune mesure aux agents publics.

Pistonnés par un système pensé pour eux et par eux, on les trouve maintenant à toutes les places, dans les cabinets ministériels, aux postes d'élus locaux ou nationaux. Ce sont aussi eux que l'on retrouve souvent à la tête du Cac 40.

Désormais, le réel pouvoir se situe au cœur de nos administrations pléthoriques. C'est pourquoi, depuis plus de trente ans, que ce soit la gauche ou la droite qui soit au pouvoir, les décisions ne sont plus orientées vers la création de richesse mais vers le grossissement de la sphère publique.

Sur plus de mille milliards de dépenses publiques, plus d'un quart sert tous les ans à rémunérer les fonctionnaires.

Il est d'ailleurs symbolique qu'en face des centaines de milliers de postes créés dans le secteur public, la France ait tant de mal à soigner le chômage qui la ronge.

À force de laisser capter l'essentiel de sa richesse par un État obèse et de continuer à embaucher – notamment dans les collectivités locales –, la France s'est attaché un boulet aux pieds.

La seule mesure nouvelle annoncée par le gouvernement pour contrer l'envolée de ces dépenses est de ne pas augmenter le point d'indice en 2011 (point d'indice par ailleurs augmenté en pleine crise pour un coût de un milliard d'euros). Cela ne suffira pas, puisque les salaires continueront d'augmenter à l'ancienneté. La vérité ? Il faudrait geler tous les salaires publics pendant au moins trois ans.

Alors même que la Cour des comptes dénonçait en octobre 2010[1] le fait que ce ne sont pas 50 % mais plutôt 70 % des économies qui ont été rétrocédées aux administrations, le gouvernement promet de maintenir le principe du reversement aux agents de 50 % des économies réalisées par le non-remplacement d'un départ sur deux à la retraite, ce qui, dans la crise actuelle, est totalement irréaliste.

---

1. Rapport sur le budget adressé à la commission des Finances de l'Assemblée nationale, octobre 2010.

Une réduction de 5 % des dépenses de personnels publics représenterait 15 milliards d'économies par an. Non négligeable quand il faut couper 95 milliards d'euros de dépenses de l'État d'ici 2014.

Ni les syndicats, ni les politiques, ni la haute administration ne veulent admettre que le lobby a mis l'État à genoux et que le point de non-retour est atteint. Le risque est très réel que ce soient les agences de notation ou le FMI qui imposent, dans les prochaines années, ses réformes à la France.

En novembre 2010, l'État a déjà des soucis pour payer les fonctionnaires de huit ministères, et ce à cause, notamment, de tous les avantages qui leur ont été accordés récemment : sur 930 millions d'euros de dépenses de personnel en plus non budgétées, 31 % sont consacrées à de nouvelles primes (garantie pouvoir d'achat, majorations d'heures supplémentaires, prime de fusion des corps...) et la mauvaise anticipation des départs en retraite liée à la nouvelle possibilité offerte aux fonctionnaires de rester en poste jusqu'à 65 ans s'ils le désirent.

Pour ne pas arriver à la faillite, il est maintenant urgent de remettre en cause le statut de la fonction publique. « *Il faut une nuit du 4 août, soit une abolition du statut de la fonction publique* », disait le sociologue François Dupuy en 2009, lors d'un entretien accordé à l'iFrap.

En effet, les agents eux-mêmes n'ont, au final, pas intérêt à ce que la France fasse faillite ! Mais qui osera relever ce défi ? Qui en expliquera l'urgence aux Français ?

ANNEXES

Annexe 1

Nombre de journées non travaillées dans dix pays européens (1995, 2001)

Rang	Pays	1995	2001
1	France	5 883 200	1 807 250
2	Espagne	1 457 100	1 802 360
3	Italie	909 300	1 005 430
4	Royaume-Uni	414 700	525 100
5	Belgique	100 200	142 620
6	Irlande	130 300	114 610
7	Finlande	869 420	60 650
8	Danemark	197 310	59 500
9	Pays-Bas	691 480	45 100
10	Portugal	62 870	41 480

Source : Eurostat.

Les dernières statistiques de l'institut Eurostat datent malheureusement de 2001. 1995 a été choisie comme date repère car c'est la première année de statistiques complètes pour tous les pays d'Europe. Mais cette année a été un peu atypique en France : elle a été marquée par la fameuse grève générale de plus de trois semaines et demie qui avait pour objet le plan Juppé pour la réforme de la Sécurité sociale.

Annexe 2

Évolution de l'emploi public [1980-2007]

	FPE ([a])	FPT	FPH ([b])	Total	Population
1980	2 173 169	1 021 000	670 791	3 864 960	53 731 000
1986	2 287 458	1 121 383	756 201	4 165 042	55 411 000
1990	2 307 816	1 166 364	783 473	4 257 653	56 577 000
1996	2 401 791	1 262 361	825 710	4 489 862	57 936 000
2000	2 472 102	1 371 928	855 660	4 699 690	60 508 000
2006	2 546 091	1 662 360	1 018 351	5 226 801	63 186 000
2007	2 484 484	1 748 378	1 035 073	5 267 935	63 578 000
	+14,3 %	+71,2 %	+54,3 %	+36,3 %	+18,3 %

Sources : Insee, Drees, *Dhos. Traitement Dgafp*

Champ : emplois principaux, tous statuts. Hors bénéficiaires d'emplois aidés.

(a) Ces chiffres n'incluent ni les effectifs de La Poste et de France-Télécom (450 000 agents en 1990, à la veille de leur transformation en établissements publics), ni celui des enseignants de l'enseignement privé sous contrat rémunérés sur crédits hors des plafonds d'emplois (99 650 en 1980 ; 154 000 en 2006).

(b) Hors non titulaires sur crédits de remplacement. (Source : Rapport de la Cour des comptes, « Les effectifs de l'État 1980-2008, Un état des lieux », décembre 2009.)

Bibliographie

Y. Algan et P. Cahuc, *La Société de défiance*, Rue d'Ulm, 2007.

D. Andolfatto et D. Labbé, *Toujours moins !*, Gallimard, 2009.

J. Attali, *300 décisions pour changer la France*, XO Éditions / La Documentation française, 2008.

R. Bidouze, *Fonction publique, les points sur les i*, Éditions de la VO, 1995.

F. Chérèque, avec C. Barjon, *Si on me cherche…*, Albin Michel, 2008.

F.-X. Dudouet et H. Joly, « Les dirigeants français du Cac 40 : entre élitisme scolaire et passage par l'État », *Sociologies pratiques*, n° 21, Les Presses de Sciences-Po, 2010.

G. Elgey, *La République des illusions (1945-1951)*, Fayard, 1965, nouv. éd. 1993.

R. Fauroux et B. Spitz, *Notre État : le livre-vérité de la fonction publique*, Robert Laffont, 2000.

J.-M. Gaillard, *L'ENA, miroir de l'État*, Éd. Complexe, 1995.

O. Huerta-Melchor, *La Gestion du changement dans l'administration des pays de l'OCDE*, Éditions de l'OCDE, 2008.

M. Laine, *La Grande Nurserie*, Jean-Claude Lattès, 2006.

J. Marseille, *La Guerre des deux France*, Perrin, 2005.

J. Siwek-Pouydesseau, *Le Syndicalisme des fonctionnaires depuis 1948*, PUF, 1989.
J. Siwek-Pouydesseau, *Les Syndicats des fonctions publiques au XXe siècle*, Berger-Levrault, 2001.
S. Trosa, *Modernisation du management public : le pari de la qualité*, Institut de l'entreprise, 2006.
B. Zimmern, *Les Profiteurs de l'État*, Plon, 2000.

Remerciements

Ma reconnaissance va toujours et encore à Bernard Zimmern, qui m'a soutenue dans cette entreprise, me prodiguant sans relâche ses conseils.

Un grand merci à Alexandre Wickham pour sa confiance et son aide sans faille.

Ce livre doit aussi beaucoup aux encouragements, aux commentaires et aux critiques constructives de Charlotte Uher-Capelle, Sandrine Gorreri, Bertrand Nouel, Samuel-Frédéric Servière, Philippe François, Pierrette François-Morin, Monique Olivet et de toute l'équipe de la Fondation iFrap.

Enfin, j'ai énormément apprécié l'aide de Claire Germouty pour son travail de mise au point du manuscrit mais aussi pour ses idées lumineuses.

Table

Composition Nord Compo
Impression : Imprimerie Floch, février 2011
Éditions Albin Michel
22, rue Huyghens, 75014 Paris
www.albin-michel.fr
ISBN : 978-2-226-21924-4
N° d'édition : 19302/01 – N° d'impression : 78770
Dépôt légal : février 2011
Imprimé en France.